Un franc le volume
NOUVELLE COLLECTION MICHEL LÉVY
1 FR. 25 C. PAR LA POSTE

ALPHONSE KARR

LE
POT AUX ROSES

CALMANN LÉVY, ÉDITEUR
ANCIENNE MAISON MICHEL LÉVY FRÈRES
RUE AUBER, 3, ET BOULEVARD DES ITALIENS, 15
A LA LIBRAIRIE NOUVELLE

LE POT AUX ROSES

CALMANN LÉVY, ÉDITEUR

ŒUVRES COMPLÈTES
D'ALPHONSE KARR

Format grand in-18.

A BAS LES MASQUES!...	1 vol.	LA MAISON CLOSE.....	1 —
A L'ENCRE VERTE....	1 —	MENUS PROPOS.......	1 vol.
AGATHE ET CÉCILE...	1 —	MIDI A QUATORZE HEURES.	1 —
L'ART D'ÊTRE MALHEUREUX.	1 —	NOTES DE VOYAGE D'UN CA-	
AU SOLEIL........	1 —	SANIER.........	1 —
BOURDONNEMENTS.....	1 —	ON DEMANDE UN TYRAN..	1 —
LES CAILLOUX BLANCS DU		LA PÊCHE EN EAU DOUCE	
PETIT POUCET.....	1 —	ET EN EAU SALÉE....	1 —
LE CHEMIN LE PLUS COURT.	1 —	PENDANT LA PLUIE....	1 —
CLOTILDE.........	1 —	LA PÉNÉLOPE NORMANDE.	1 —
CLOVIS GOSSELIN.....	1 —	PLUS ÇA CHANGE....	1 —
CONTES ET NOUVELLES..	1 —	..... PLUS C'EST LA MÊME	
LE CRÉDO DU JARDINIER.	1 —	CHOSE.........	1 —
DANS LA LUNE......	1 —	LES POINTS SUR LES I...	1 —
LES DENTS DU DRAGON..	1 —	POUR NE PAS ÊTRE TREIZE.	1 —
DE LOIN ET DE PRÈS...	1 —	PROMENADES AU BORD DE	
DIEU ET DIABLE......	1 —	LA MER.........	1 —
ENCORE LES FEMMES...	1 —	PROMENADES HORS DE MON	
EN FUMANT........	1 —	JARDIN.........	1 —
L'ESPRIT D'ALPHONSE KARR	1 —	LA PROMENADE DES ANGLAIS	1 —
FA DIÈSE.........	1 —	LA QUEUE D'OR......	1 —
LA FAMILLE ALAIN....	1 —	RAOUL..........	1 —
LES FEMMES........	1 —	ROSES NOIRES ET ROSES	
FEU BRESSIER.......	1 —	BLEUES.........	1 —
LES FLEURS........	1 —	LES SOIRÉES DE SAINTE-	
LES GAIETÉS ROMAINES..	1 —	ADRESSE........	1 —
GENEVIÈVE........	1 —	SOUS LES ORANGERS....	1 —
GRAINS DE BON SENS..	1 —	SOUS LES POMMIERS....	1 —
LES GUÊPES.......	6 —	SOUS LES TILLEULS....	1 —
HISTOIRE DE ROSE ET DE		SUR LA PLAGE......	1 —
JEAN DUCHEMIN.....	1 —	TROIS CENTS PAGES....	1 —
HORTENSE.........	1 —	UNE HEURE TROP TARD..	1 —
LETTRES ÉCRITES DE MON		UNE POIGNÉE DE VÉRITÉS.	1 —
JARDIN.........	1 —	VOYAGE AUTOUR DE MON	
LE LIVRE DE BORD....	4 —	JARDIN.........	1 —

LE
POT AUX ROSES

PAR

ALPHONSE KARR

PARIS
CALMANN LÉVY, ÉDITEUR
ANCIENNE MAISON MICHEL LÉVY FRÈRES
3, RUE AUBER, 3
—
1897
Droits de reproduction et de traduction réservés.

LE POT AUX ROSES

POLICHINELLES ET ROBESPIERROTS

Si le temps où nous vivons nous fait voir bien des choses dégénérées, faisandées et déshonorées, il est juste, s'il se présente un progrès et une amélioration, de les constater et de les signaler ; c'est ce que je vais faire.

Autrefois l'homme qui voulait connaître le vrai, le juste, le grand, devait se livrer à de longues et opiniâtres études, feuilleter l'antiquité et les temps modernes, lire les historiens, les philosophes, les moralistes, sans oublier les satiriques ; et ce n'est qu'après avoir consacré sa jeunesse et son âge mûr à ces patientes méditations qu'il pouvait se croire à peu près arrivé au but qu'il s'était proposé.

Aujourd'hui cette sagesse, ce discernement s'obtiennent non seulement avec moins de peine et de travail, mais avec une facilité qui les met à la portée de tout le monde.

Voulez-vous savoir, voulez-vous proclamer ce qui est vrai, ce qui est juste, ce qui est grand, ce qui est honnête, le procédé est simple : vous prenez le contraire de ce qui se fait, et vous êtes certain de ne pas vous tromper.

Nous voyons en ce moment aux prises deux partis politiques, ou plutôt l'apparence de deux partis.

Les opportunistes, que l'amiral Courbet a si bien baptisé les *polichinelles*, et les radicaux ou mieux les *robespierrots*.

Les premiers tirant leur force de l'absence de conviction, de principes, de probité, de ligne de conduite, prêts à changer de drapeau, de plumet, de casaque, de culotte — et même à n'en mettre pas, — de langage, etc., selon les circonstances ; adoptant tout ce qui leur semble « opportun » pour se jucher et se maintenir au pouvoir et entourer la gamelle.

Les autres prenant ou faisant semblant de prendre pour modèles les personnages que depuis trois quarts de siècle des pamphlétaires, se disant historiens, se sont efforcés d'abord d'expliquer, puis d'excuser, puis de glorifier, — le plus souvent sans avoir même l'énergie dans le crime de leurs modèles, mais jouant les Robespierre, les Danton, les Marat, les Collot-d'Herbois, mais imitant leurs costumes, leurs attitudes, leurs airs de tête, leur son de voix, comme les chanteurs et histrions nomades jouent dans les sous-préfectures les Dugazon, les Laruette, les Martin, les Elleviou, etc.

Car, ne vous y trompez pas : les opportunistes, les polichinelles, ont été des robespierrots, ont commencé par jouer les Robespierre, les Couthon, les Hébert, les Fouquier-Tinville, etc., pour monter à l'assaut du pouvoir, et comme le pouvoir n'est pour eux que la marmite, une fois arrivés, ils se sont faits opportunistes et polichinelles ; de même que les radicaux et robespierrots d'aujourd'hui seront les opportunistes et les polichinelles de demain, s'ils achèvent de renverser leurs rivaux à peu près repus et de les remplacer autour de la gamelle.

Dans certaines occasions vous les avez vus, vous les voyez et vous les verrez d'accord ; cette complicité n'a rien que de très naturel, si l'on pense qu'ils sont exactement les mêmes, comme des acteurs qui jouent tantôt les tyrans, tantôt les victimes, tantôt Aman, tantôt Mardochée, et, la toile baissée, redeviennent ce qu'ils étaient auparavant, des camarades, des histrions attablés dans les cafés et les brasseries.

Les occasions qui les réunissent et les disciplinent

momentanément sont celles où ils doivent craindre que le peuple français, fatigué d'être le plus berné, le plus jobardé, le plus mystifié des peuples, charge de vrais serviteurs dévoués d'enlever la marmite et la gamelle et de les mettre en sureté. Alors, plus de divisions, plus de guerres, plus de luttes; ils n'ont plus qu'un cœur, comme ils n'ont qu'un appétit, ils serrent les rangs, entourent la marmite avec frénésie. Polichinelles et robespierrots ne sont qu'un peuple et qu'une armée, dont tous les soldats sont également affamés; mais, aussitôt la marmite sauvée, le nombre qui leur a permis de la conserver au milieu d'eux, devient une cause fatale de division; il n'y a pas de place pour tous autour d'elle, les premiers arrivés se cramponnent sur les bords et repoussent les autres du coude et de la ruade; ceux-ci les tirent par derrière en les invectivant. C'est alors que nous assistons au spectacle que nous donnent en ce moment les polichinelles et les robespierrots.

— Mes amis, s'écrie un orateur robespierrot, oubliez-vous déjà le danger que nous venons de courir, la gamelle oscille encore sur sa base. Si nous nous divisons encore, nous la verrons enlever, et adieu les ripailles pour les uns comme pour les autres. Dans l'intérêt commun, soyons donc unis.

— Soyons unis, répond un orateur polichinelle.

— Soyons unis, s'écrient tous à la fois les polichinelles et les robespierrots, serrons-nous, mettons-nous de profil pour tenir moins de place autour de la gamelle et faire place à tous.

On essaye, on se presse, mais il n'y a pas moyen, les coudes enfoncent les côtes, on se pousse, on se tire, on se bouscule comme précédemment.

— Mais vous nous perdez, vous perdez la République, dit l'orateur robespierrot, affreux opportunistes et polichinelles que vous êtes !

— Oui, vous nous perdez, vous perdez la République, traîtres, bousingots et robespierrots ! réplique l'orateur polichinelle.

— Écoutez, dit le robespierrot, l'union et le salut consistent à ce que vous nous aidiez à garder la marmite, et à nous maintenir au premier rang.

— Non, répond le polichinelle, l'union consiste à ce que vous nous rendiez, autour de la marmite, la place que nous y occupions naguère.

Et ce sera toujours comme cela ! Vous venez d'en voir un premier exemple. Les chefs des deux partis avaient-ils assez prêché la concorde et la complicité ! Dans les réunions, les congrès, les conférences, on ne parlait que d'union. Dès la première séance de l'Assemblée, au milieu des polichinelles et des robespierrots réunis, pressés, on jette un pauvre os bien sec, la vice-présidence de l'Assemblée. Eh bien, tous se précipitent dessus, en se bousculant, oublieux de leurs projets, de leurs engagements, de leur salut ; les robespierrots mordent l'os, les polichinelles mordent les robespierrots, qui les repoussent avec des ruades.

A S. M. le peuple français

O peuple français, toi que, aujourd'hui, les autres peuples n'appellent plus le peuple le plus spirituel de la terre qu'avec un sourire ironique !

Ne comprends-tu pas que ces sinistres farceurs qui t'appellent souverain, roi, et qui te disent leur maître, se moquent de toi avec la plus cynique insolence, et te tiennent dans la plus triste, la plus dure, la plus honteuse des servitudes? Sous prétexte de suffrage universel, ils feignent de te demander tes ordres : il te les dictent, te les imposent et mettent à ta prétendue souveraineté les limites qui leur conviennent. Le peuple souverain va choisir ses chefs et la forme de gouvernement, mais il ne peut s'affranchir de la République. La République existe par la volonté du peuple (la moitié plus un des représentants), mais lui-même s'y est condamné à perpétuité. Il a le droit absolu d'être en république, mais il n'a pas celui d'en sortir. Quant aux représentants, ils ne peuvent choisir aucun membre des familles ayant régné sur la France, etc. Et qui donc peut ainsi restreindre le droit du peuple souverain, droit de tout casser, mais point de relever et d'édifier?

N'as-tu pas vu dernièrement une assemblée de soi-disant républicains déclarer qu'à la Chambre les votes qui seuls seront comptés seront ceux des *vrais* républicains, que ceux des réactionnaires seront considérés comme n'existant pas?

D'autres n'ont-il pas demandé l'invalidation de toutes les élections monarchistes?

Il y a à donner à la Chambre des députés seize places honorifiques, influentes à certains degrés — quatre, entre autres, procurant des avantages matériels assez sérieux.

Si les ministères, les serviteurs de la majorité, ô peuple! avaient respecté ta volonté clairement exprimée en envoyant à l'Assemblée plus du tiers de monarchistes, ils se seraient empressés de donner aux monarchistes le tiers de ces seize fonctions — ils en ont accordé deux et en ont gardé quatorze — pour empêcher leurs amis de crier en leur donnant quelque chose à mâcher, naturellement y compris les quatre places rémunérées.

Écoute donc ce que je te dis, ô Majesté! ne crois pas que, opportunistes, républicains, démocrates, socialistes, possibilistes, intransigeants, nihilistes soient, en réalité, des classes, des partis différents en fait *d'istes*. Parlez-moi des ébénistes, ceux-là savent, et on sait ce qu'ils sont et ce qu'ils veulent.

J'ai la conscience, ô peuple! presque la consolation d'avoir fait, depuis un demi-siècle, tous mes efforts pour te désabuser, te faire voir la vérité et te faire comprendre avec quelle impudence ces gens-là se moquent de toi, ô pauvre majesté, pauvre sire! J'y ai gagné leur haine, qui m'importe peu, mais pas assez ta confiance, qui m'eût rendu très heureux.

Je veux encore aujourd'hui, par une sorte d'apologue, par comparaison, par similitude, tenter de t'expliquer ce que c'est en réalité que ces douze ou quinze républiques unies pour détruire, désunies et incapables, quand même elles seraient unies, pour réparer et édifier.

LES BATRACIENS

Cette espèce d'amphibies, que vous vous contentez d'appeler grenouilles, se compose, pour les savants, d'un grand nombre d'espèces et de variétés. Les principaux caractères qui, pour les mêmes savants, servent à les distinguer, sont la forme de la langue et les dents, — ce qui pourrait s'appliquer aux personnages politiques.

Lesdits savants divisent d'abord les batraciens en divers groupes : *prionites, anoures,* et un autre que je ne me rappelle pas ; puis chaque groupe en diverses variétés, *pseudis, oxyglossus, pelodites,* etc., entre autres la grenouille commune, la raine, le crapaud, etc.

Tous naissent et vivent dans la fange ; pendant leur jeunesse, ce sont de petites boules avec une queue, on les appelle *têtards* : à cette phase de leur existence, les *têtards* sont sobres et ne se nourrissent que d'herbes aquatiques; mais bientôt il leur pousse une, deux, trois, quatre pattes; ils commencent à dédaigner la pauvre nourriture herbacée; ils deviennent carnivores, puis ils perdent leur queue, — c'est une crise. Les uns, selon l'espèce, restent crapauds, et ne peuvent que ramper; les autres, grenouilles communes, sautent et font du bruit : *Brekekeke koax*, comme dit Aristophane; d'autres encore, d'une espèce plus élégante, d'un joli vert Véronèse, montent sur les arbres, et ne redescendent dans l'eau et dans la vase qu'à la saison des amours. Il n'est pas tout à fait indifférent de rappeler que les *erpétologistes*, comme ces savants spéciaux s'intitulent eux-mêmes, qui se sont surtout occupés de classer les batraciens, sont Dumeril, Oppel et le très réellement savant Charles Bonaparte, dont l'oncle sut classer et mettre en ordre les soi-disant républicains de son temps, qu'il divisa en chambellans, préfets, ministres, idolâtres et thuriféraires.

A l'*état parfait*, la grenouille qui a perdu sa queue et est devenue carnivore et avide, se prend facilement à la ligne. On raconte qu'un républicain désabusé, voyant un jour au bord d'une mare un pêcheur qui y jetait une ligne terminée par un morceau de drap rouge, lui demanda ce qu'il faisait, et sur sa réponse que c'était une très bonne amorce pour les grenouilles :

— Eh quoi ! s'écria-t-il, il n'y a donc pas que nous ; les grenouilles aussi se prennent avec un chiffon rouge !

C'est surtout pour les soi-disant républicains, variété des queues rouges, que la perte de la queue est une crise redoutable. — Gambetta et Ferry et bien d'autres y ont succombé et y succomberont.

Mais c'est alors seulement qu'ils sont arrivés à l'*état Parfait*, que de têtards et de robespierrots ils passent polichinelles — polichinelles de l'intérieur ou des finances, ou des relations étrangères, etc.

Parmi les soi-disant républicains, comme parmi les grenouilles, il faut compter : ceux qui crèvent pour vouloir se faire aussi gros que le bœuf ;

Et ceux qui, s'ils ne le demandent pas précisément, nous amèneront nécessairement et heureusement un roi — espérons que ce ne sera ni une grue, ni un tyran — mais, quoi qu'il en soit, ils ne négligeront ni bassesse ni trahison pour s'en faire bien venir, comme les exemples n'en manquent pas.

LE POT AUX ROSES

Et — me dit le vieil avocat — il ne s'agit pas de roses.

Quel vieil avocat ?

C'est vrai ; j'oubliais de vous le dire ; c'était un vieil avocat qui, muni d'une lettre d'introduction d'un de mes amis, avait demandé à voir mes roses.

— En vérité, dit-il, il ne s'agit pas de roses. Je suis comme le barbier du roi Midas. Je sais des choses qui m'étoufferaient si je ne les disais pas à quelqu'un, et je vous ai choisi pour cette révélation, qui importe au salut de la République. — Lié comme vous l'êtes avec M. Cattiaux...

Ici, je l'interromps :

— Je ne connais pas M. Cattiaux. Je ne l'ai jamais vu, et, probablement, je ne le verrai jamais.

— N'importe. Croyez-vous connaître M. Grévy ?

— Au sujet de M. Grévy, je ne puis vous faire que la même réponse.

— Vous m'auriez répondu que vous connaissiez ou croyiez connaître M. Grévy, que je vous aurais dit : « Vous vous trompez, il n'y a que moi qui le connais, et quoique nous ayons été camarades à l'École de droit, je ne le connais que depuis cinq jours. »

Et ici le vieil avocat me fit des révélations si étranges, si invraisemblables, si inattendues, si effrayantes, si merveilleuses, que je restai stupéfait.

— Je ne vous demande pas le secret, me dit-il, au contraire ; je sais que vous écrivez dans les journaux : en révélant à temps à la France ce que je vous révèle aujourd'hui, vous pouvez sauver la République. Nous aurons la gloire de l'avoir sauvée à nous deux.

Je remerciai le vieil avocat de la confiance qu'il me témoignait, et je lui promis de donner à ses confidences la plus grande publicité qui dépendrait de moi.

— Citoyen, me dit le vieil avocat, j'avais pour Jules cette sorte d'amitié qu'on ressent dans un âge avancé pour les compagnons survivants de la jeunesse, avec lesquels on retrouve des quarts d'heure de cette jeunesse envolée ; cela allait jusqu'à des complaisances qu'on aurait pu prendre à tort pour de la courtisanerie à l'égard du président de la République, mais qui ne s'adressaient qu'au camarade, — ils sont peu nombreux aujourd'hui — de l'École de droit. J'acceptais ses maigres déjeuners, je me laissais parfois gagner une ou deux parties au noble jeu de billard, auquel je lui rendais cinq points, lorsque nous étudiions la politique et l'art du gouvernement dans les cafés et les tavernes du quartier Latin. Eh bien, croiriez-vous, citoyen, qu'il m'a refusé un pauvre bureau de tabac que je lui demandais pour la sœur de ma gouvernante ?

— Je comprends, monsieur, que ce refus a pu vous choquer; mais je comprends moins en quoi ce peut être un avantage ou un danger pour la République que la sœur de votre gouvernante ait ou n'ait pas un bureau de tabac.

— C'est que vous ne me comprenez pas, citoyen. Dans les grandes circonstances, on se montre tel qu'on veut paraître; dans les petites, on se laisse voir tel qu'on est. Si je vous ai dit cette déception, c'est pour vous faire voir que le président possède au plus haut degré cette indépendance du cœur que le vulgaire appelle ingratitude, et qui est chez un politique et un ambitieux une force dont il faut se défier, tandis que l'amitié et la reconnaissance seraient pour lui une gêne, une charge, un *impedimentum*...

» Le plan de M. Grévy est de se faire réélire, contitinua le vieil avocat. Ne croyez ni à sa fatigue, ni à son dégoût, ni à son désir de liberté et de repos, ni à ses maladies. C'est un imitateur de Sixte-Quint. Il aime le pouvoir autant que l'argent; d'ailleurs, c'est le pouvoir qui donne le gros argent. S'il s'élevait autrefois contre la présidence, c'est qu'il n'espérait pas alors être ce président dont il ne voulait pas, et ça s'appelle, en termes vulgaires, cracher au plat pour en dégoûter les autres. Soyez certain que, tout en faisant l'affaibli, le démoli, le moribond, il s'est occupé infatigablement de sa réélection.

» Il a fait appeler M. de Freycinet :

— « Je sais, lui a-t-il dit, que vous avez quelques
» prétentions à la présidence; moi j'ai fini mon temps,
» je voudrais me faire grâce à moi-même comme
» je l'ai faite à tant d'autres, et passer les quelques
» jours qui me restent dans le repos et la retraite.
» Mais la fin de ma magistrature et le Congrès
» arrivent trop tôt pour vous. Je sais bien que ce
» brave peuple français, qui n'a pas de mémoire, a
» oublié qu'il a dû à vous et à Gambetta la moitié de
» ses pertes en hommes, en territoire et en argent;
» mais depuis vous avez trempé dans l'affaire du
» Tonkin : il faudrait encore six mois pour qu'il
» l'oubliât, et il n'y a pas moyen de reculer jusque
» là la nomination de mon successeur. Vous hors de
» concours, si c'est Brisson, si c'est Ferry, si c'est
» le cabaretier Basly qui sont élus, ils sont jeunes et

» ils feront leurs sept années, tandis que moi je n'en
» ai plus que pour quelques mois, juste le temps
» qu'on oublie votre participation à la guerre du
» Tonkin; dans l'intérêt de votre candidature au
» succès de laquelle je m'intéresse, je me décide, je
» me sacrifie, parce que ce ne sera pas long. Agissez
» et faites agir vos amis pour que je sois réélu, et
» que je vous garde la place pendant quelques
» mois, temps nécessaire à l'oubli de vos dernières
» fautes; je suis bien fatigué, bien affaibli, je tien-
» drai tant que je pourrai : aidez-moi, c'est vous
» aider... »

» Après Freycinet, il a fait appeler M. Brisson :
— « Mon cher Brisson, lui a-t-il dit, j'espérais
» vous avoir tout naturellement pour successeur; ça
» n'aurait pas fait un pli si vous n'aviez eu l'impru-
» dence d'accepter un ministère, et surtout la pré-
» sidence du conseil : vous savez comme Gambetta
» et Ferry s'y sont usés; vous avez manqué le coche
» pour cette fois. Cependant je puis et je veux vous
» sauver. Je pensais et avec joie retourner me re-
» poser à Mont-sous-Vaudrey ; mais, dans votre in-
» térêt, je resterai pendant le peu de temps qui me
» reste à vivre. Agissez et faites agir vos amis, et
» faites-moi réélire, refaites-vous une virginité en
» quittant le ministère qui, du reste, va vous quitter,
» et retrempez-vous dans l'opposition avancée. Si je
» ne reçois pas ma destitution d'en haut, je donnerai

» ma démission aussitôt que vous serez prêt, et je
» m'en irai en disant : ouf ! »

» Il a ensuite fait appeler successivement M. Clémenceau et le cabaretier Basly; à tous deux il a dit :

— « Il n'est pas encore temps pour vous, vous
» n'auriez pas de chance et vous compromettriez
» l'avenir. Votez et faites voter pour ma réélection, et
» ce sera travailler pour vous; mais ne perdez pas
» de temps, car je sens que je n'en ai pas pour long-
» temps... des éblouissements, des vertiges, etc. »

» Il sera donc réélu ; mais ne vous avisez pas de juger de la seconde présidence d'après la première. Vous verrez alors se démasquer le véritable Grévy, et je vous le dis en vérité, vous trouveriez difficilement en France un homme aussi différent du Grévy qui va se révéler que le Grévy que vous avez connu jusqu'ici.

» Sans être un aigle, il a, comme beaucoup de médiocres, un certain sens pratique. Nommé président, il a compris que l'engouement ou plutôt la mode de la République avait besoin d'un certain nombre d'années pour disparaître. Napoléon Ier, raconte M. de Bourrienne dans ses *Mémoires*, à un de ses amis qui, un an avant le 18 Brumaire, le poussait à se faire roi, répondit : « Il n'est pas encore temps. »

» Bien savoir le temps, saisir l'occasion. Voici que se manifeste la crainte, le dégoût, et ce qui est pis en France, l'ennui de la République. Ce serait bien triste pour mon camarade de voir son successeur se proclamer roi de France, lui qui si sagement a fait le mort pendant sept ans pour se préparer les voies et se trouver tout porté au moment favorable. Avoir essuyé les plâtres pour le cabaretier Basly, devenir le sujet de Basly, ce serait dur.

» Réélu, il n'a plus besoin de jouer la même comédie, il peut, il doit jeter ses béquilles. »

— Mais enfin, dis-je à l'avocat, M. Grévy est vieux, et il a eu quelques accidents qui passent d'ordinaire pour des avertissements.

— Sans être jeune, il est, comme moi, de la « grosse espèce » dont on ne voit plus d'aussi nombreux spécimens qu'autrefois. Vous-même, vous êtes aussi vieux que lui, et vous marchez, vous nagez, vous ramez, vous bêchez, vous vous promenez, au mois de décembre, en manches de chemise, et tête nue au soleil et à la pluie. Quant à ces accidents et à ces indispositions ça rentre dans son plan. M. Grévy n'est pas un caractère, n'est pas « une nature », comme on dit dans les ateliers ; il est du très grand nombre des gens qui n'ont ni idées, ni opinions à eux, mais choisissent dans les idées et les opinions des autres. Depuis qu'il est président, des rêves hantent ses nuits, il mêle un peu Alexandre de Macédoine, César, Sylla, Périclès, Commode, Napoléon Ier, Napoléon III, Sixte-Quint, etc. Il se demande s'il passera le Rubicon, s'il fera un 18 Brumaire ou un 2 Décembre, s'il combattra la démocratie comme Sylla. Il a un moment, sous l'influence de Ferry, rêvé la gloire militaire; il a pensé qu'à l'imitation de l'empereur Commode, il se ferait appeler le Tunisien, le Cochinchinois (Elius Lampride), et qu'un jour il se verrait sur la monnaie couronné de lauriers. Sa grandeur l'attachait au rivage même plus que Louis-XIV : cette ressemblance avec le grand roi était flatteuse; mais comme lui et comme d'autres conquérants, il eût fait moissonner des lauriers comme on fait couper son foin par des gens qu'on ne paye pas si cher que les faucheurs. Cette pensée l'a entraîné un peu loin, comme vous l'avez vu; il s'est attaqué à la Chine, une nation de quatre cents millions d'hommes, qui, si chacun jetait sur nous une de ses pantoufles, étoufferaient notre petite armée comme sous une montagne. Il avait encore la toquade des conquêtes lorsqu'il a reçu les chevaux envoyés par l'empereur du Maroc, et il en a appelé un Bucéphale; seulement il n'ose pas le monter jusqu'à ce qu'il soit dressé et assoupli par Wilson qui lui a promis d'en faire un mouton.

» Ses idées du moment, et ce sont plus que probablement celles qu'il suivra, sont tournées à la magnificence ; il compte sur l'étonnement et sur la stupéfaction ; il a beaucoup d'argent, n'ayant pas gaspillé ses appointements de président, et d'ailleurs, quand on est gouvernement et qu'on vise à l'absolutisme, on en a beaucoup dans la poche des autres. Aussitôt réélu, il va augmenter sa « maison militaire », on verra comme sous Napoléon III prince-président, les régiments se succéder à Paris et être par lui-même passés en revue. C'est alors qu'on entendra une artillerie de bouchons, et que ce qu'on a versé de vin de Champagne à Satory s'appellera, par comparaison, une sécheresse et une soif.

» A force d'étudier la vie de César, de Sylla, des deux Napoléon et autres usurpateurs célèbres, et aussi des rois et empereurs, il a mis dans sa tête une certaine confusion un peu semblable à celle que le chevalier de la Manche avait puisée dans la lecture des livres de chevalerie.

» Un soir, il en vint à parler de ce décret du Sénat romain autorisant Jules César à s'emparer et à jouir de toute femme qui lui plairait, et fit entendre un : « Eh ! eh ! » qui mécontenta madame Grévy.

» — Ne t'inquiète pas, bobonne, dit-il, je n'en
» abuserai pas ; mais c'est pour l'honneur, il faut
» aller jusqu'au bout de son pouvoir.

» — Le Sénat refusera, dit madame Grévy.

» — Je voudrais bien voir qu'il me refusât ce qu'il
» a accordé à César, ce Sénat qui s'est assemblé sur
» l'ordre de Tibère pour discuter la sauce d'un
» turbot !

» Et, se rappelant une phrase de Néron rappelée par Suétone, il s'écria :

» — Je supprimerai le Sénat, *ordinem sublaturum
» e republica*. Je ferai mieux... Wilson, dit-il en
» pinçant l'oreille de son gendre, tu vas écrire au-
» dessus d'un des chevaux de l'empereur du Maroc
» *Incitatus*, c'est le nom du cheval que Caligula
» voulait nommer consul, *Incitato consulatum tra-
» ditur destinasse* (Suétone). Je nommerai le mien
» président du Sénat !

» Wilson fut un peu effrayé.

» Cependant, ajouta le vieil avocat, il serait moins monstrueux de voir *Incitatus* président du Sénat, que de voir M. Grévy roi ou empereur de France.

— Ah ! monsieur l'avocat, m'écriai-je par décence plus que par conviction, c'est fort ce que vous dites-là.

— Ce n'est que juste, répliqua-t-il...

» Quant à ces chevaux du Maroc, M. Grévy a fait ce raisonnement : ces chevaux n'ont pas été donnés à M. Grévy avocat, mais au président de la République ; c'est donc la République, c'est l'État qui doit les nourrir. Et, en effet, c'est l'État qui les nourrit. Mais, à propos de chevaux, il a chargé ce même Wilson, autrefois homme de sport, de lui réunir sans bruit huit chevaux café au lait, semblables au fameux attelage de Napoléon Ier, attelage que l'on fera reparaître quand il sera temps ; d'ailleurs, une fois réélu, il sera bien facile de se faire nommer président à vie, comme ce même Napoléon se fit nommer consul à vie, et on sait sur quelle pente ça a glissé à l'empire. On a ri des maigres dîners de la présidence, ça rentrait dans le plan et le rôle modeste ; un des premiers actes du président réélu sera de nommer son gendre, comme Tibère nomma le chevalier Casonio Priscus, ministre des plaisirs, *a voluptatibus officium* (Suétone), et alors on en verra des menus ! On verra, comme du temps d'Héliogabale, des plats de langues de paon et de rossignols, de cervelles de faisans et de phénicoptères, — et des perles fines mêlées aux petits pois.

» C'est alors qu'on verra des convives étouffés sous les roses et les violettes, *sub violis et rosis oppressi animam aliqui efflaverunt* (Lampride).

» C'est alors que l'Académie française proposera un prix au savant qui retrouvera cette exquise sauce verte inventée par Caligula, je crois, sauce qui était si verte et bleue et si claire que les poissons y semblaient encore nager dans la mer.

» On a ri, pendant la première présidence, de choses dont on aurait dû s'inquiéter : de voir, par exemple, M. Grévy donner des porcelaines de Sèvres pour tous les cadeaux qu'il se croyait obligé de faire, pour toutes les récompenses et tous les « pour-
» boires ». On n'a pas vu que c'était un essai timide

pour expérimenter si on lui permettrait de disposer de choses qui ne lui appartiennent pas ; il a fait annoncer à la grande cantatrice madame Carvalho qu'il lui donnerait de magnifiques porcelaines, plus que jamais de Sèvres, à l'occasion de ses représentations de retraite. On lui fera comprendre facilement que Néron se montrait plus magnifique. Il fit don au musicien Ménécrate des maisons et des patrimoines enlevés à des sénateurs honorés du triomphe, *ædibus patrimoniisque donavit* (Suétone). Je suis persuadé qu'il se piquera d'honneur. Il se rappellera aussi qu'à l'issue des repas qu'il donnait à ses amis, Héliogabale faisait jeter au peuple, par les fenêtres, autant de plats et de mets qu'on en avait servi sur la table. *Jecit per fenestras totidem cibos quot exhibuit amicis* (Lampride). On a commandé déjà à Sèvres de nombreux services de table, parce que les convives, après le dîner, emporteront les assiettes. C'est aussi après ces dîners magnifiques que seront distribués aux convives les plus gais, les plus amusants, des places et des honneurs, à l'exemple de Tibère qui, à l'issue d'un repas qui avait duré quarante-huit heures, donna à ses convives, Pomponius Flavius et L. Piso, au premier le gouvernement de la Syrie, au second la préfecture de Rome, comme à d'agréables amis de toutes les heures, *jucundissimos omnium horarum amicos* (Suétone).

» Tout est prévu : au 18 Brumaire, les grenadiers de Bonaparte l'entraînèrent hors de la salle des Cinq-Cents et revinrent en chasser les représentants.

» M. Grévy n'exercerait peut-être pas sur les grenadiers la même influence que Bonaparte, mais il a mieux que cela : vu la différence des temps et des hommes, et le point de moralité où nous sommes tombés sous son règne, si on lui résiste au Sénat ou à la Chambre des députés, vous l'entendrez s'écrier : A moi, mes braves voleurs, mes intrépides assassins ! A moi, mes fidèles incendiaires ! A moi, mes bons parricides, que j'ai épargnés et sauvés ! A moi, mes délicieux marchands de vins, mes grands électeurs, auxquels j'ai permis le mouillage à discrétion ! Et on verra députés et sénateurs sauter par les fenêtres avec une agilité qui rappellera, dépassera peut-être celle que montrèrent les Cinq-Cents à Saint-Cloud.

— Mais, demandai-je au vieil avocat, avec quel argent le président réélu pourra-t-il subvenir aux magnificences que vous annoncez ?

— Vous êtes naïf, me répondit-il; d'abord par de nouveaux impôts, comme fit Caligula : *vectigalia novat imposuit* (Suetone). Puis en prenant à même aussitôt qu'il sera roi absolu et qu'il pourra dire comme ce même Caligula : Εις κοιρανος, εις βασιλεύς. « Il n'y a qu'un maître, il n'y a qu'un roi, et c'est moi. »

« Ou comme Domitien : Ουκ' αγαθον πολυκοιρανιη.
« Il n'est ni beau ni bon qu'il y ait plusieurs maî-
» tres. »

» Il ne se contentera plus de donner des porcelaines, il donnera aussi des tapisseries des Gobe-
lins, les tableaux et les statues de nos musées, il
donnera les maisons de ceux qui lui auront déplu, il
donnera des chèques sur M. de Rothschild et des
colliers de perles des beautés remarquées à l'Opéra.

» Vous-même vous avez trop parlé de votre jardin
et de vos roses. Messaline, la femme de Claude, fit
périr Valérius Asiaticus, pour s'emparer de ses célèbres jardins — *hortis inhians*, dit Tacite. Il donnera votre jardin et vos roses à quelqu'un de ses
favoris.

J'avais été assez froid pour les autres dangers que
M. Grévy faisait courir à la République, mais à ce
moment je ne pus retenir mon indignation.

— Ah ! m'écriai-je, pour mon jardin et mes roses,
ce serait trop fort.

— Ce sera pourtant comme cela. Il n'y a pas bien
longtemps, il lui est échappé une parole qui montre
et la hauteur de ses projets et la facilité qu'il croit
trouver à leur exécution dans la lâche complaisance
des assemblées. C'était sous le ministère Ferry, qui
venait d'enlever un vote de confiance aux représentants de la France. — O hommes tout prêts pour la
servitude ! s'écria-t-il comme Tibère sortant du

Sénat... *O homines ad servitutem paratos !* (Tacite.)

» Autre marque de ses ambitieuses préoccupations. — On me reproche, dit-il, d'aller si volontiers tuer des lapins à Mont-sous-Vaudrey; il y a pour moi d'illustres exemples : Domitien, empereur des Romains, ne s'enfermait-il pas pour tuer des mouches?... *Muscas captare et stylo prævento configere* (Suétone).

» Un autre jour, sous forme de plaisanterie, comme on parlait de la manie actuelle d'élever des statues à de médiocres personnages : « Si j'étais roi, dit-il, je » ferais comme Caligula; une nuit, on enlèverait la » tête à toutes ces statues, et ces têtes seraient toutes » remplacées par la mienne. *Capite dempto, suam » imposuit* (Suétone). »

— Citoyen, dit ici le vieil avocat, vous souriez comme si vous n'ajoutiez pas foi à mes paroles.

— Vous vous trompez, monsieur, lui dis-je, c'est aujourd'hui le cas de répéter les paroles de l'apôtre : *Credo quia absurdum*. Je crois précisément parce que c'est absurde. Nous sommes à une époque où il faudrait douter de ce qu'on nous dirait de beau, de grand, d'honnête et de sensé, mais où on n'a pas besoin de preuves pour croire à la sottise, à la folie, au crime. *Credo quia absurdum*.

— Ce qui n'est pas moins vrai, dit le vieil avocat, en se levant et en prenant son chapeau qu'il avait déposé sur une chaise, c'est que Tibère, que Néron, que Domitien, que Caligula, que Vitellius, qu'Héliogabale n'auraient pas refusé un misérable bureau de tabac à un vieux camarade de l'École de droit.

Il me salua et partit.

LA QUESTION DU TONKIN

PROJET DE MÉDAILLES OBLIGATOIRES

Je me suis souvent demandé par quelle progression dans la bêtise, les peuples, surtout les peuples modernes, arrivaient à permettre à leurs chefs de se lancer dans la carrière des conquêtes et d'adopter le métier de héros, si malsain pour leurs peuples.

Les premiers chefs sauvages des sociétés naissantes ont dû, en effet, être les hommes les plus forts, les plus adroits, les plus hardis de leur tribu, ils avaient à défendre les autres contre les bêtes féroces et des voisins qui ne l'étaient pas moins, qu'ils dépouillaient au lieu d'être dépouillés par eux, et dont ils partageaient les dépouilles avec leurs sujets.

La Providence a donné à l'homme un instinctif

amour de la vie et une terreur non moins instinctive de la mort ; sans quoi l'homme se tuerait pour échapper au premier mal de dents ou à la première contrariété. Cet instinct cède cependant à trois autres instincts : à la faim, à l'amour pour la femme et ses petits, et aussi à la vanité.

Ceux qui éprouvent ou font habilement croire qu'ils éprouvent le mépris de la vie et l'indifférence pour la mort ont dû et doivent encore inspirer aux autres de l'admiration et de la crainte. Ceux-là ont été tout naturellement les chefs des tribus d'abord, et ensuite des nations.

Romulus, Achille, Hector, Ajax, etc.

Alors on se battait de près, *cominùs* — on se battait corps à corps, et surtout on se battait soi-même.

Ces types ont tout doucement disparu. L'histoire en cite quelques-uns de loin en loin : François Ier, Henri IV, Frédéric II, etc., Victor-Emmanuel.

Je ne sais plus quel guerrier de l'antiquité presque fabuleuse, disait que la valeur guerrière était perdue aussitôt qu'on avait inventé les arcs et les javelots qui permettaient de se battre de loin — *eminùs*. Ce fut bien pis après l'invention de l'artillerie. Le capitaine, alors, le chef n'eut plus pour rôle et pour devoir de combattre au premier rang ; il dut disposer, diriger, pousser, et non entraîner ses soldats.

Seuls, les Français, pendant bien longtemps, et jusqu'à ces derniers temps, ont conservé les grandes traditions de la bravoure antique, affrontant les balles et les boulets, et abordant leurs adversaires corps à corps, à la baïonnette. Aussi tous les perfectionnements de l'artillerie moderne, consistant à combattre de plus en plus loin, ont-ils eu pour cause la nécessité de se mettre à l'abri de la *furia francese*.

Aujourd'hui la force, l'adresse, l'intrépidité ne comptent plus. L'attitude martiale, le regard étincelant, la voix terrible, les riches vêtements, les grands plumets, etc., n'exercent plus leur ancienne influence; il faut se faire une bravoure toute de fatalisme et de résignation, et jouer sa vie non à un jeu de force et de dextérité, mais à un jeu de hasard. Les Français ont montré qu'ils avaient au besoin une bravoure de rechange, mais il n'en est pas moins vrai qu'ils ont perdu une partie de leurs avantages.

On comprend les guerres antiques, lorsque le peuple vainqueur dépouillait entièrement le vaincu, emportait tout ce qu'il ne brûlait pas et emmenait en esclavage les hommes, les femmes et les enfants; c'était injuste, c'était cruel, c'était odieux, mais l'homme étant considéré comme un animal injuste, avide, cruel, ces guerres n'échappaient pas au raisonnement; mais aujourd'hui où le vainqueur ne saurait, sans exciter l'indignation et la répression des nations neutres et spectatrices, abuser de la victoire que jusqu'à un certain point, la guerre moderne a son enjeu, le vaincu paye l'enjeu et est quitte. Les armées si nombreuses, si difficiles, si onéreuses à entretenir, les énormes dépenses de l'artillerie sont telles que le vainqueur, emportant l'enjeu de la partie, se trouve ne pas avoir fait ses frais.

Les Prussiens, après la guerre de 1870, emportant nos cinq milliards, c'est-à-dire une somme qu'ils croyaient ne pas exister, une somme de convention comme le *talent* des Grecs et le *grand sesterce* des Romains, sont loin d'être aujourd'hui plus riches qu'avant la guerre, et peut-être sont-ils plus pauvres.

J'oserai dire ici qu'on a fait trop de bruit de leur amour pour nos pendules, qu'on leur reproche d'avoir emportées en grand nombre ; on ne pouvait pas espérer qu'ils en apporteraient, et on a oublié ou on ne sait pas que Napoléon, plus civilisé, se faisait suivre dans ses conquêtes, par le savant Denon, qui le guidait dans le choix de ce qu'il devait enlever et emporter dans toutes les capitales de l'Europe.

Je suis souverainement ennemi et dédaigneux des conquêtes et des « annexions ». En fait de territoire, quel est celui des potentats, rois, empereurs, hospodars, sultans, shahs, etc., qui n'en ait plus qu'il n'est capable d'en bien gouverner ?

D'autre part, un pays conquis et « annexé » est un pays ennemi pendant un siècle, qu'il faut surveiller, entretenir, réfréner à grands frais et à grands et perpétuels soucis de revanche et de revendication.

Il est des pays pour lesquels on comprend le désir d'agrandissement, ce sont les ruches trop pleines qui ne peuvent plus nourrir leurs habitants et ont besoin d'essaimer, ce sont les habitants de régions inclémentes comme climat, ou stériles sous le rapport du sol; mais la France! La France a tout chez elle, et si bien tout, qu'elle en néglige une grande partie, et aujourd'hui laisse en friche un tiers de son territoire, et des terres les plus fertiles et les plus riches, si bien qu'elle a une colonisation à faire, une colonisation sans frais et sans déplacement, c'est de mettre, d'entretenir et de perfectionner en culture toute cette partie abandonnée ou négligée.

Dans un ouvrage intéressant, *Introduction à la connaissance des médailles* (1741), Charles Patin, fils du célèbre Guy Patin, cite un fait qui vient puissamment à l'appui de ce que je viens de dire.

On se rappelle, dit-il, le jeton ou médaille que fit frapper Charles-Emmanuel, duc de Savoie, annonçant qu'il comptait profiter des troubles de la France avec cette inscription provocante : *Opportunè*, à propos. A quoi Henri IV répondit par une médaille sur laquelle on lisait : *Opportuniùs*, plus à propos. Après quoi il battit le duc et lui fit payer son outrecuidance.

De même en 1626, le roi d'Espagne, Philippe IV, faisant parade de sa puissance par les trésors qu'il tirait des Indes, fit frapper une médaille avec ces mots : *Hic Tagus et Ganges* — Ici coulent le Tage et le Gange — voulant marquer l'étendue de sa domination où « le soleil ne se couche jamais ».

Le roi Louis XIII répondit à cette jactance par une médaille correspondante exprimant que la France, ne contenant que les pays qui sont sur l'Océan, les Pyrénées, la Méditerranée, les Alpes et le Rhin, n'avait cependant rien à envier à l'Espagne.

Au milieu de cette médaille est un olivier qu'une vigne enlace de ses pampres chargés de raisins ; à droite et à gauche des épis mûrs et courbés sous le poids de leurs grains, avec cette inscription copiée sur celle de Philippe IV : *Hic Tagis et Gangus.* Ici aussi un Tage et un Gange.

Ainsi les « conquérants » que la Providence a infligés à la France, car les conquérants sont de plus grands fléaux pour leurs peuples que pour ceux qu'ils combattent, ne pouvant guère séduire par l'attrait du pillage le peuple français si facilement, si naturellement riche, ont dû développer excessivement chez lui l'orgueil national, et en abuser à son immense détriment.

Examinons un peu les deux phases les plus brillantes de notre histoire sous le rapport de la guerre, de la victoire, de la conquête, etc., : le règne de Louis XIV et le règne de Napoléon Bonaparte.

Établissons, avant de commencer, que, au point de vue de l'intérêt des peuples, il faut juger d'après les résultats définitifs.

En effet, supposez un joueur complètement « décavé », et revenant à pied de Monaco à Nice, parce qu'il ne lui reste pas même de quoi payer sa place dans les wagons de la compagnie P.- L.- M. Supposez qu'il s'amuserait à dire : J'ai eu réellement bien du bonheur : « dix numéros pleins » de suite sans ramasser, car « j'ai de l'estomac ». Un moment, j'étais en bénéfice de plus de deux cent cinquante mille francs ; le tripot commençait à avoir peur ; les croupiers devenaient polis et même obséquieux pour moi. — Et supposez qu'il continuerait sa route en se frottant les mains, vous diriez : Mais cet homme oublie qu'il est parti de chez lui avec dix mille francs dans sa poche, qu'il revient à pied, « pilant du poivre sur le trimar », et qu'il va déjeuner d'un petit pain d'un sou.

Pompée, un ancien conquérant, un héros, a tenu à ne pas laisser ignorer ses hauts faits à la postérité, et, grâce à une inscription placée par lui dans le temple de Minerve, nous savons qu'il avait tué deux millions quatre-vingt-trois mille hommes et coulé à fond huit cent quarante-six vaisseaux.

On ne sait pas bien le compte de Louis XIV, mais on sait celui de Napoléon ; l'histoire, il est vrai, a peu mêlé les victimes de la Révolution, de la démagogie, de la Terreur, avec celles du despotisme ; mais le despotisme est l'épanouissement, la fleur de la démagogie, comme la démagogie est la racine et la souche du despotisme : ça se monte à huit millions quatre cent vingt-six mille cent soixante-seize individus.

Entre la note de Napoléon et celle de Pompée, il y a cette différence que Pompée, faisant son compte lui même, ne donne que le chiffre de ses adversaires en s'abstenant de relater celui des soldats qui combattaient pour lui, nombre qui ne saurait être beaucoup moindre.

Tandis que, en sens contraire, aux victimes de la Révolution, du Consulat et de l'Empire il convient d'ajouter un nombre à peu près égal d'hommes des autres pays appelés « les ennemis, » sans trop savoir pourquoi, tués dans ces mêmes guerres.

Certes, l'histoire a consacré, sans marchander les louanges, le souvenir de brillants faits d'armes, de victoires éclatantes, tant sous le règne de Louis XIV que sous celui de Napoléon — les dix numéros pleins du joueur dont je parlais tout à l'heure — mais Louis XIV a laissé la France ruinée, et Napoléon a fini par nous procurer la triste humiliation de voir deux fois les étrangers victorieux à Paris, et a légué à la France dans le cœur de presque tous les peuples de l'Europe des rancunes, des haines, des défiances qu'il nous a fallu subir et payer plus tard, sans compter le second Empire, sorte de *post-scriptum* du premier, auquel nous devons une troisième invasion.

Si bien que le bilan de ces deux époques réputées si glorieuses se solde pour la France par un énorme et terrible déficit.

Il est incontestable que lorsque la Providence inflige à un peuple la domination d'un conquérant, d'un héros, c'est qu'elle trouve insuffisants pour la punition de ce peuple le choléra ou la peste qu'elle pourrait aussi bien lui envoyer, mais qui ne tuent guère que les déjà malades, les vieillards et les usés, sans diminuer son territoire, sans lui prendre l'argent, fruit de son travail et de son économie, tandis que le héros fait tuer les plus jeunes, les plus vigoureux, les plus hardis de ses enfants.

J'excepterai de cette comparaison notre Henri IV et Frédéric II de Prusse ; quand celui-ci se fut suffisamment arrondi par ces « jeux de la force et du hasard » qu'il appréciait à leur valeur, il ne s'occupa plus qu'à réparer par l'agriculture et l'industrie.

Quant à notre Henri IV, qui ne faisait si bravement la guerre que pour avoir et donner la paix, il rêva noblement la paix universelle et perpétuelle, et fut bien près de réaliser ce rêve, qui peut-être fût devenu une réalité, s'il n'eût été assassiné, sort réservé, paraît-il, aux rois bons et réellement amis du peuple comme Henri IV, comme Louis XVI, sans compter Louis-Philippe, qu'après l'avoir manqué huit fois par le pistolet, le fusil et la mitrailleuse, on tua par l'exil.

Henri IV, vainqueur, avait sagement renvoyé ses capitaines, ses courtisans, ses seigneurs à la vie des champs et à la culture de leurs terres.

Maintenant, sans rien effacer de ce que j'ai dit sur la guerre et sur les héros de profession sur le trône, si on veut plaider les « circonstances atténuantes », il faut dire que Louis XIV et Napoléon étaient des hommes très supérieurs en des genres différents : Louis XIV, outre le goût d'une magnificence théâtrale, avait, au plus haut degré, la science ou plutôt l'instinct et le « flair » du choix, c'est-à-dire le plus grand don pour un roi, le don de mettre chaque homme en sa vraie place, ce qui lui a permis de laisser son nom à son siècle.

Napoléon était un très grand capitaine, et son rêve insensé et funeste de refaire à son bénéfice l'empire de Charlemagne avait au moins de la grandeur.

C'étaient deux grands et beaux lions.

Mais lorsque nous voyons de mauvais caniches teints en jaune, des hyènes, des renards, des putois, des blaireaux, des belettes, des fouines, des furets et autres « bêtes puantes » s'aviser de jouer les lions, les rois, les héros, jeter, pour de misérables intérêts personnels, un grand peuple dans des guerres inutiles, injustes, ruineuses, humiliantes, on ne comprend pas que ce peuple tarde tant à renvoyer au moulin à coups de trique et à coups de pied ces « ânes revêtus de la peau du lion », ces avocats comme Gambetta, comme Ferry, ces ingénieurs des mines comme Freycinet, ces gazetiers sans talent et sans esprit, ces décavés, ces déclassés, ces piliers de taverne et autres souteneurs de la prétendue République.

Quant à la guerre du Tonkin, au fond, tout le monde est d'accord, il vaudrait cent fois, mille fois mieux n'y être pas allé.

Il serait heureux, utile, nécessaire d'en être sorti.

Mais personne n'ose en sortir. On voudrait laisser à d'autres l'humiliation du départ, et on cherche des équivoques, des subterfuges. Rester au Tonkin sans y rester, le quitter sans le quitter. Des protections, des conquêtes partielles, etc., etc.

C'est la même situation qu'à la fin de la guerre néfaste de 1871, après que Gambetta, Freycinet, pour conserver encore quelque temps leur pouvoir escamoté, nous coûtaient « la moitié de nos pertes en territoire, en argent, en hommes ». A l'Assemblée de Tours, cent sept députés votèrent la continuation de la guerre à outrance ; je demandai alors qu'on m'en nommât sept sur ces héros ayant pris auparavant part à la guerre et aux dangers où ils avaient envoyé les autres. On ne trouva pas ces sept que je demandais. C'est qu'au fond ces fanfarons ne votaient la continuation de la guerre qu'avec la conviction rassurante que la majorité voterait la paix.

Il y avait cependant, quant au Tonkin, un moyen certain de terminer l'affaire sans humiliation pour la France, si la Providence rendait à ceux qui sont censés la représenter ce bon sens qu'on a si longtemps attribué à la race gauloise.

Il est évident qu'on ne restera pas au Tonkin, qu'il faudra le quitter tôt ou tard.

Eh bien, après les élections d'octobre, qui disaient si haut la désapprobation et le sentiment du pays, il fallait dire : *La France ne veut pas*, nous obéissons.

Plus ou moins tard, après de nouvelles pertes en tous genres, quand il faudra s'en aller, il faudra bien dire alors : *La France ne peut pas*.

Là sera l'humiliation.

La vérité, c'est qu'après avoir proclamé la volonté de la France, si clairement exprimée par les votes d'octobre, il aurait fallu mettre en jugement ceux qui l'avaient jetée dans ces aventures, au mépris des lois et du bon sens.

Non seulement on ne l'a pas fait, non seulement

on les laisse impunis, mais peut-être demain nous les verrons remonter au pouvoir.

Faute d'une punition radicale et exemplaire, j'en proposerai une bien douce, bien légère, bien disproportionnée au crime, — et c'est le moins qu'on puisse faire.

On parle de frapper des médailles qui seront distribuées aux braves combattants du Tonkin.

Je demande qu'en même temps que ces médailles, on en frappe un certain nombre destinées aux initiateurs de cette guerre.

Elles seraient de forme carrée, pour qu'on ne puisse les confondre avec les autres, même à distance.

Sur ces médailles serait l'inscription que voici :

1885

GUERRE DU TONKIN

au mépris des lois et contre la fortune de la France
15 000 *hommes tués ou morts de maladies,*
20 000 *chrétiens égorgés*
500 *millions gaspillés*
Importation du choléra en France.

Le port de cette médaille serait obligatoire à temps, c'est-à-dire pendant un an, deux ans, trois, quatre et cinq ans pour tous les membres de la majorité Ferry, selon l'obstination de leurs votes, à perpétuité pour tous les ministres complices du crime, sans excepter M. le président de la République.

Et ainsi on ferait justice, avec une modération peut-être blâmable et dangereuse.

PARLONS ROSES

La Providence veut bien encore, à l'occasion des élections, du suffrage à si grand tort appelé universel, à l'occasion des réunions de la prétendue république et des soi-disant républicains, donner à la France le spectacle et la leçon que les Lacédémoniens donnaient à la jeunesse pour lui inspirer l'horreur de l'ivrognerie en leur faisant voir des ilotes ivres.

J'aurais certes beaucoup à dire et à répéter sur le suffrage universel, sur le vote par listes, etc. Mais aujourd'hui — c'est si grotesque, si laid, si absurde, que, détournant les yeux, nous pinçant le nez, nous bouchant les oreilles, je vous propose de parler d'autre chose, si vous le voulez bien: parlons roses, *loquamur rosas*, comme disait Tibulle... je crois.

Aussi bien voici le moment de planter les rosiers, et, pour nous, habitants des plages méditerranéennes, de les tailler pour les préparer à notre second printemps qui commence en octobre pour finir en décembre et parfois en janvier, époque où nous serons en pleines violettes.

J'ai quelques titres à « parler roses » et je vais vous en dire quelques-uns pour vous inspirer une confiance qui seule peut être de quelque utilité à quelques amis des fleurs.

J'ai eu le bonheur d'être élevé dans un jardin; je suis né avec le besoin invincible du grand air, des prairies, des bois, des rivières et de la mer. Alexandre Dumas raconte dans ses *Mémoires* qu'il m'a connu tout jeune, habitant à Montmartre, dans un Tivoli abandonné, le bureau des cannes. En effet, je n'aurais pu y étendre les bras pour passer les manches d'un habit sans ouvrir préalablement la porte et la fenêtre. Mais ce demi-cabinet était au centre d'un très grand jardin planté de grands arbres.

Quand je vins m'établir à Nice, alors italienne, il y a trente années, il n'y avait pas de fleurs à Nice. Quand un Niçois avait besoin d'un bouquet, il le commandait à Gênes.

Il y avait des oranges et des violettes, des roses, mais cultivées au point de vue de la parfumerie. Quand un oranger ou une touffe de violettes s'avisaient de fleurir trop tôt, en février ou en mars, le paysan s'en chagrinait : c'était du bien perdu, les parfumeurs ne travaillant pas encore. Les roses ne s'épanouissaient qu'une fois, à la fin d'avril.

Seul, le père Besson possédait quatre camélias et quatre rosiers de la variété Général-Lamarque, et on s'inscrivait d'avance pour une fleur de coiffure ou de corsage. De loin en loin, dans diverses fermes, on connaissait un rosier chromatelle. Ça c'était vraiment splendide. Quand on n'a pas vu la chromatelle dans nos régions, on ne la connaît pas. J'en avais dans mon jardin, à Nice, qui escaladaient les plus grands oliviers, en couronnaient le faîte et retombaient en longues branches fleuries, comme des baguettes de feu d'artifice, en pluie d'or. Peu de temps auparavant, j'avais dû aller de Gênes à Paris pour un procès fait aux *Guêpes* par un jeune et ardent procureur impérial. J'avais gagné mon procès, mais ça m'avait ennuyé, et j'avais laissé mon éditeur d'alors inquiet et craignant une revanche du parquet.

Il y a certes de grands charmes et de grands avantages à être loin de tout, ainsi que je l'ai toujours été; mais ce n'est pas au point de vue des affaires, des intérêts, de l'argent. C'est alors que je me fis jardinier et que Lamartine m'adressa cette belle épître :

A Alphonse Karr, jardinier.

On dit que d'écrivain tu t'es fait jardinier,

qui me donna plus de plaisir et d'orgueil qu'aucune décoration.

Pour meubler mon jardin, je dus tout tirer du dehors. Quant aux roses, qui sont toujours restées les reines légitimes, j'eus surtout recours à mes amis les rosiéristes lyonnais. Et je ne tardai pas à expédier, pendant l'hiver, dans toute l'Europe des bouquets qui attestaient la charmante douceur du climat de Nice et augmentèrent singulièrement l'affluence des étrangers. J'en vendais pour une assez grosse somme, mais c'était mal administré : on me volait, on ne me payait pas. Enfin, malgré le produit, c'était ruineux, et je dus cesser au bout d'une dizaine d'années. Mais, en quittant Nice, j'y laissai la plus certaine, la plus charmante des industries. Beaucoup de centaines de gens vivent aujourd'hui du commerce des fleurs, et quelques-uns y font fortune.

Entre autres roses, j'avais planté le Thé *Safrano*; cette autre rose, qui n'est belle que l'hiver, fleurit avec profusion dans cette saison. C'est de la haie de Safrano plantée par moi que sont sorties les boutures et les greffes qui couvrent aujourd'hui de Monaco à Hyères des centaines et des centaines d'hectares et dont les fleurs chaque jour de l'hiver partent à pleins wagons pour Paris, où on ne dit plus Thé *Safrano* mais *Rose de Nice*.

De Nice cette charmante industrie s'est étendue sur tout le littoral au loin et au large, et j'ai certes rendu de plus grands et de plus vrais services à cette région que n'en promettent les candidats effrontés et hâbleurs qui se disputent les suffrages. Ne vous ai-je pas déjà dit que la ville de Nice attend avec impatience que je sois mort pour m'élever une statue ?

Je ne suis pas un grand coureur de décorations, je n'en ai demandé qu'une, mais elle n'existe pas. C'est une croix dont seraient décorés les gens qui n'en auraient récolté aucune autre pendant un séjour de quinze ans à Nice, où les empereurs, rois, hospodars, etc., en jettent une pluie en partant pour remplacer la carte, P. P. C., pour prendre congé, qu'emploient les gens du monde. Eh bien, il m'en tombe une à Saint-Raphaël ; et si j'en parle ici, c'est qu'elle a trait à mon sujet. Je savais que cette croix existait, mais j'ignorais dans quel pays, et j'avais souvent pensé qu'elle me serait agréable. Or S. M. l'empereur du Brésil, avec une bienveillance dont je suis très reconnaissant, me l'a donnée en passant par Saint-Raphaël, et depuis assez longtemps je suis chevalier de l'ordre de la Rose.

Ayant établi mes droits de parler roses, je commence :

On désigne en général sous le seul et même nom d'amateurs des jardins et des fleurs deux classes d'humains bien différentes. Les uns les aiment véritablement, au point de finir par ne plus aimer autre chose ; ils soignent leurs fleurs comme des enfants chéris ou comme des maîtresses adorées. Aussitôt qu'il fait jour, le matin, ils vont à chacune en particulier dire bonjour et s'informer de sa santé : « Je te trouve un peu pâle ce matin ; es-tu malade, as-tu faim, as-tu soif ? » A une autre : « Comme tu es belle aujourd'hui ! jamais tu n'as été si brillante, si parfumée ! » Et quand le jour cesse, l'amateur les regarde encore avec avidité, tandis que le soleil couchant emporte avec lui les couleurs qu'il leur a prêtées ; puis elles s'endorment. Seules quelques fleurs nocturnes s'épanouissent seulement alors ; la table est mise pour les sphinx du crépuscule, pour les noctuelles, phalènes, etc., qui viennent dérouler et plonger leur longue trompe dans le nectaire des énothères, qui sont richement vêtues de jaune comme l'empereur de Chine, — cette couleur qui s'éteint la dernière, tandis qu'ont disparu successivement le violet, le bleu, le rouge, le rose et le blanc lui-même.

Chacun des souvenirs de sa vie se rattache à une fleur, et il les a réunies autour de lui, comme le plus charmant des albums : — les jours écoulés, les joies immenses et les suaves tristesses renaissent chaque année avec les lilas, les violettes, les giroflées des murailles, les *vergiss-mein-nicht*, etc., etc.

Il sourit dédaigneusement quand on lui parle de diamants, lui qui a tant de gouttes de rosée; d'améthistes, lui qui a un gazon d'améthistes parfumées, les violettes; de turquoises et de saphirs, en contemplant le bleuet des champs, la cynoglosse omphalodie, le *vergiss-mein-nicht*, le pied d'alouette, la bourrache, la buglosse, la gentiane, les deux *plumbago*, celui du Cap couleur de turquoise, et le *plumbago larpentæ* couleur de saphir, etc., mais turquoises et saphirs vivants.

Il pense avec joie que s'il sème du réséda, c'est du réséda qui lèvera et qui répandra son parfum que Linné appelait l'ambroisie, — en se rappelant tout ce qu'il a semé dans la vie, confiance, amitié, amour, dévouement, et qui n'ont produit que des herbes parasites ou des plantes vénéneuses.

L'autre amateur est amateur des jardins et des fleurs comme il serait amateur de tableaux ou de timbres-postes, ou de boutons de guêtres : c'est un luxe, une ostentation. Il a un jardin et des fleurs pour les montrer, comme aussi, ce qu'il tient à posséder, c'est des arbres, des plantes rares, peu connues, très chères, que d'autres n'ont pas; quelle joie de les montrer à des gens moins riches qui ne peuvent les acheter, de les voir partir tristes et envieux, laissant à ceux-ci le nom d'amateurs et appelant les autres : amis des fleurs!

Grâce aux premiers, grâce à l'intérêt naturel et obligé des jardiniers, pépiniéristes, etc., une grande révolution s'est faite dans les jardins : les plantes nouvelles dont quelques-unes sont belles et les bienvenues, dont beaucoup plus ne sont que nouvelles, ont envahi le terrain et en ont chassé de belles et bonnes vieilles plantes, de chères fleurs qui valent cent fois mieux qu'elles et que l'on ne voit plus nulle part.

Ainsi dans les jardins aujourd'hui, dans les jardins à la mode, on ne réserve pas, il s'en faut, assez de place pour les roses.

Ajoutons que la recherche du nouveau, auquel on doit, il faut le dire, un certain nombre de gains précieux, a aussi envahi les roses, et que le nombre tous les ans croissant des roses nouvelles, ou dites nouvelles, a exilé des jardins un grand nombre de splendides roses qu'on ne saurait trop regretter; j'ai cependant la gloire d'en avoir fait reparaître quelques-unes sur les catalogues, à la suite de certains écrits et d'objurgations aux jardiniers semeurs de roses, parmi lesquels j'ai des amis.

Il y a une vingt-cinquaine années, lorsque j'amenai les roses à Nice, il en est que je ne trouvai plus chez les jardiniers commerçants; je m'adressai à un vieux jardinier normand chez lequel je les avais vues autrefois.

C'est le fils qui me répondit ; son père était mort, et lui avait succédé.

En me rappelant les roses que je lui demandais, il m'écrivit : « Il est possible, monsieur, que mes ancêtres aient cultivé ces cochonneries, mais on ne les trouve pas chez moi. »

Le nombre des roses nouvelles que l'on annonce et que l'on vend chaque année est prodigieux, et doit à juste titre inspirer de la défiance. Cependant, si vous avez beaucoup de place et beaucoup d'argent, achetez-les ; il s'en trouve de temps en temps deux ou trois dignes d'être conservées, et une qui prend rang entre les plus belles, entre les reines. On ne veut plus que des roses remontantes : d'abord, dans les roses dites remontantes, combien y en a-t-il qui remontent, c'est-à-dire fleurissent plusieurs fois ? tandis que parmi les anciennes qui ne fleurissent qu'une fois, il est à remarquer que leur floraison est plus prolongée que celle de la plupart des remontantes. On a fait pis, on a renoncé à l'odeur des roses ; la plupart des roses nouvelles n'ont pas d'odeur. Un semeur me disait dernièrement : « L'odeur, on n'en veut plus. »

Pour mon compte, j'en veux toujours et je pense que je ne suis pas le seul. Entre ces « nouveautés », il se trouve parfois de très belles fleurs ; mais pour moi, ce ne sont que des demi-roses, des fleurs sans âme et sans esprit. Dans le parfum des roses, il y a cinq ou six odeurs différentes, et dans ces odeurs une infinité de nuances que les nez délicats, intelligents, exercés, reconnaissent tout de suite les yeux fermés.

Il y a d'abord la véritable odeur de rose, de la *rose à cent feuilles* et de la *rose des quatre saisons*, parfum de la même espèce, mais avec une nuance distincte.

La *rose thé* exhale, en effet, une odeur de thé avec des nuances aussi variées que les variétés de la fleur ; la *Gloire de Dijon*, le *Maréchal Niel*, etc., ajoutent à l'odeur du thé quelque chose comme du poivre et de la cannelle.

Victor Hugo a dit, à propos de la *rose du Bengale* :

> Comme elle est sans épine, elle n'a pas d'odeur.

C'est une double erreur que ne devait pas commettre celui qui a remarqué à Guernesey.

> Le chardon bleu des grèves,

chardon qui passait pour n'exister que sur les plages de la Méditerranée, et dont la présence complète la douceur relative du climat de Guernesey ;

Celui qui, entre toutes les fleurs, aimait surtout le petit *liseron* sauvage à cloches blanches avec une croix rose et exhalant une odeur d'amande amère.

La rose *du Bengale* exhale un parfum très doux, très distingué et très... personnel; de plus, ce rosier est armé des plus grosses et larges épines peut-être d'entre les rosiers.

Une odeur très particulière encore est celle de la rose muscate, qu'on ne voit plus que dans les vieux jardins.

Une autre odeur est celle que mêle à la rose moussue la mousse qui entoure les boutons.

Constatons encore le parfum charmant qu'exhale de ses feuilles, pour peu qu'on les touche et sans qu'on les touche, pendant et après une pluie d'orage, l'*églantier rubigineux* à fleurs blanches ou roses, que les Anglais appellent *Sweet Brior*, parfum que possèdent également les églantiers à fleurs jaunes et à fleurs capucine.

Mais la vraie odeur de la rose est surtout celle que je demande à la rose et qui doit dominer entre les roses.

Parlons de la couleur : Je ne dis pas de mal des roses rouges, ces orgueilleuses reines vêtues de la pourpre : il en est de bien belles, de bien riches, et, parmi elles, un assez grand nombre ont conservé le parfum et sentent la rose. C'est une rose rouge très odorante que le rosiériste Schwartz, un de mes amis lyonnais, vient de consacrer à la mémoire de mon cher frère Eugène.

Depuis quelques années les roses rouges se sont multipliées hors de proportion avec les autres couleurs; cette fécondité s'explique par celle d'une rose déjà relativement ancienne, une de celles qui ne seront pas détrônées, le *Général Jacqueminot;* il faut croire qu'elle possède par la couleur, par l'odeur ou par quelque autre cause mystérieuse un charme qui attire sur elle de préférence les abeilles qui y arrivent les pattes chargées du pollen de cent autres roses, pollens qui sont, entre roses, des tendresses et des caresses, et produisent de charmants adultères.

J'ai une dévotion particulière aux roses blanches, entre autres à la vieille *Madame Hardy,* la plus belle des roses blanches. J'aime tendrement les roses jaunes, les roses violettes, les roses carnées, etc., j'aime les roses de toutes les couleurs; cependant, selon moi, dans un carré de roses, comme dans une collection, — un rosarium, une roseraie, — la couleur rose doit dominer, le rouge, le violet, le blanc, le jaune, doivent se détacher sur un fond rose.

Et, en ce moment, comme protestation, je plante dans mon jardin un massif isolé de cinquante rosiers à fleurs roses, sentant la rose; pour arriver à ce nombre de cinquante, j'ai dû en admettre trois panachées et en doubler quelques-unes, ce qui démontre combien dans des catalogues de deux mille roses e davantage on a fait à tort abandon de l'odeur.

Voici les noms des roses sentant la rose, du moins celles que je connais :

A Cent feuilles, Cent feuilles bullata, Cent feuilles cristata, Cent feuilles moussue, Madame Knoor, la France, Madame Anne Diesbach, Jules Margottin, Ville de Lyon, la Reine, Paul Neyron, Bobrinski, madame Boll, madame Furtado, Comtesse de Chabrillan, Comtesse Henriette Combes, Élisabeth Vigneron, Madame Wilson, Panachée d'Orléans, Baronne Prevost, Marie Bianchi, Duchesse de Sutherland, Léonie Verger, Pompon de Dijon, Pompon moussu, Unique panachée, Ernestine de Barante, Désirée Giraud, Adelaïde de Meynot, Marie Closon, des quatre saisons; ce dernier est une variété remontante de la rose non remontante qu'on cultive pour la parfumerie.

Je parlais tout à l'heure de ceux qui ont assez de place et assez d'argent pour admettre chaque année toutes les roses nouvelles ; mais j'ai à dire aux autres : Consolez-vous, conservez, respectez religieusement la place des belles vieilles roses dont la beauté a résisté au temps et à la mode ; ne la laissez pas usurper. Quant aux nouvelles, attendez qu'elles aient fait leurs preuves : — beaucoup, vantées aujourd'hui avec enthousiasme ne seront plus sur les catalogues l'année prochaine, — et vous éviterez des déceptions trop fréquentes.

Par exemple : Il y a presque une trentaine d'années, les Américains annoncèrent le *The President* et envoyèrent son portrait dans le monde entier; c'était *Safrano*, mais beaucoup plus double, beaucoup plus colorée et beaucoup plus grosse que *Paul Neyron*, qui n'existait pas encore.

Pour ma part, j'en achetai trois à trente francs chaque, et non seulement aucun ne ressemble au portrait, mais les trois rosiers étaient différents entre eux. Les Anglais nous ont vendu, sous le nom de *Cloth of Gold*, la *Chromatelle* qu'ils avaient tirée de France. Également ils ont donné à la *Rose jaune de fortune* le nom de *Beauty of Glazenwood*. Un farceur, il y a quelques années, a donné comme nouvelle et provenant de ses semis la très belle et très vieille rose *Unique Panachée* sous le nom de *Madame d'Hebroy*.

L'année dernière, un Portugais, le seigneur Pedro da Costa, n'a pas envoyé de portraits, il a envoyé des roses elles-mêmes aux directeurs de plusieurs journaux d'horticulture, qui se sont empressés de rendre hommage à la belle portugaise *Lusiadas*. En effet, la rose qu'ils recevaient était bien double, d'un beau jaune, et jaspée de points pourpres. On la vendait cinquante francs, mais les rosiéristes du Luxembourg, qui s'étaient empressés de l'acheter et de la multiplier, au bout de quelques mois la livraient au prix de six francs, si bien que j'en achetai une chez les frères Ketten.

Or cette rose donna des fleurs jaunes, très jolies, très doubles, d'une très agréable nuance de jaune, seulement pas le moindre point couleur de pourpre; bien plus, MM. Soupert et Notting les premiers, les autres rosiéristes ensuite, reconnurent sans hésiter la *prévenue* pour la rose noisette *Céline Forestier*, née en 1860, en France, chez le rosiériste Trouillard, et qui tient légitimement une place très honorable dans les roseraies.

Laquelle *Céline Forestier*, assez intéressante, avait déjà tenté de reparaître comme nouveauté sous le nom de *Liesis*.

On cria au voleur. Le seigneur Pedro da Costa ne répondit à aucune réclamation : le tour était joué.

Quant aux roses *Lusiadas,* vues par diverses personnes compétentes avec les fameux points rouges, elles tâchent d'excuser leur facilité, devenue une complicité involontaire.

Ce dernier déguisement de *Céline Forestier* me rappelle une anecdote qui pourrait expliquer le procédé.

Il y a bien longtemps, en Normandie, je me laissai mener chez un très grand amateur de dahlias. Il avait oublié le rendez-vous donné à mon conducteur et n'était pas chez lui. Nous nous promenâmes seuls dans le jardin et parmi les dahlias. Mon ami fumait un cigare très cher et probablement excellent, laissant à l'extrémité brûlée une colonne de cendre très blanche. Je pris ce cigare en disant : Je vais laisser à votre ami notre carte de visite. Et je touchai légèrement de cette cendre un certain nombre de fleurs de dahlias, traçant sur les unes des points, sur les autres des raies longitudinales ou transversales, sur d'autres des figures irrégulières. Eh bien, mes dessins restèrent colorés en couleur capucine sur les fleurs jaunes, et en couleur d'un beau vert sur les fleurs roses. Je ne me rappelle pas à quel point l'amateur, de retour, fut successivement surpris, ravi, furieux. Il peut y avoir bien d'autres substances que le tabac pour produire un effet analogue sur d'autres fleurs.

Cette rose jaune tachée de rouge, je l'avais déjà vue, ou du moins j'avais vu son portrait.

Il est une classe de négociants qui viennent passer quinze jours dans les villes. Ils portent avec eux une enseigne peinte sur toile :

Horticulteur de Lyon (ou d'Angers)
Grand déballage

Ils louent à bas prix une boutique non occupée et la remplissent d'arbres de toutes sortes ; d'oignons à fleurs, de bulbes, de racines, etc., puis ils collent sur les parois des images extraordinaires, ils ont acheté des fleurs gravées ou lithographiées en noir et les ont coloriées des couleurs que ni la nature ni la culture ne leur ont jamais données, des lilas jaunes ou écarlates, des œillets bleus, des géraniums à fleurs vertes, des roses jaunes tachées de rouge (Lusiadas), jaunes et blanches rayées de bleu, des roses entièrement bleues, etc. Or ces plantes sont des rebuts achetés à vil prix chez les jardiniers ou ramassées à leur porte. Quand ils viennent à Nice, ils récoltent en passant par Saint-Raphaël une quantité de racines d'asphodèles, qui se montrent à profusion dans les plis des collines et qui dans leurs boutiques figurent et jouent les racines de pivoines bleues, d'hortensias jaunes, etc.

Ils en vendent beaucoup et s'en vont ailleurs chercher de nouvelles dupes qu'ils trouvent toujours.

Mais à qui se fier ? les savants eux-mêmes ont écrit sur les roses des billevesées et des mensonges.

Selon Valmont de Bomare, en greffant un bourgeon de rose sur un houx, on obtient des fleurs vertes. Madame de Senlis, qui préconise ce procédé, en ajoute un autre.

On obtient des roses noires en greffant sur le cassis. Sans expliquer comment la rose emprunte la couleur aux feuilles du houx, qui ne sont pas plus vertes que celles du rosier, et non à ses fruits qui sont écarlates, tandis qu'au cassis elle l'emprunte à ses fruits noirs.

Quant à la *rose verte,* elle existe depuis assez

longtemps; c'est un bengale qui porte en effet des roses vertes, mais dont les pétales sont de l'étoffe des feuilles.

Valmont de Bomare, déjà cité, dit qu'on voit communément en Italie des *roses bleues*, et aux environs de Turin un rosier sauvage sans épines dont les fleurs sont roses maculées de vert.

L'auteur du *Grand Dictionnaire des plantes* signale les roses bleues; également Lémery (*Cours de chimie*, éd. Lyon de 1724, page 521).

Un M. Guillemot, jeune auteur d'une histoire naturelle de la rose (1800), fait une espèce distincte de la *rose bleue*, mais la déclare peu commune.

M. d'Orbesson (*Mélanges de critiques*), dit : J'ai trouvé des *roses bleues*, elles sont assez communes en Italie.

Eh bien, j'ai à plusieurs reprises voyagé dans presque toute l'Italie.

Je suis allé plusieurs fois à Turin, et selon mon habitude j'ai surtout visité la campagne et les jardins. Je n'ai pas vu de rose bleue, et aucun des jardiniers ou paysans auxquels j'en ai parlé, n'en a vu davantage.

D'autres savants ont déclaré l'impossibilité de voir jamais une rose bleue, et la raison qu'ils donnent, c'est qu'il y a des roses jaunes, et que tout plant qui produit des fleurs jaunes n'en produira jamais de bleues dans ses variétés.

Ces savants n'ont pas pensé à la *gentiane*, qui sur les montagnes de la Suisse, du Tyrol et d'ailleurs, fait de si belles pelouses parsemées des plus riches saphirs, et cependant il y a une gentiane à fleurs jaunes.

Continuons donc à espérer une rose bleue. Mais n'y croyons que quand nous l'aurons vue.

Je m'arrête ici, heureux si j'ai réussi à vous distraire comme je me suis distrait moi-même pendant une demi-heure du triste spectacle et des saturnales répugnantes d'un peuple fou livrant ses destinées à l'effronté mensonge du « suffrage universel » prévu par Cicéron, quand il disait : « Surtout ne permettez jamais que le nombre domine, décide et gouverne. » *Ne plurimi plurimum valeant.*

SUPRÊME GACHIS

En ouvrant par hasard un volume de Sterne (*Tristram Shandy*), je suis tombé sur ces paroles que, faisant allusion à un usage anglais, Sterne adresse à ses compatriotes :

O vous qui êtes conduits comme les dindons au marché, avec un long bâton et un chiffon rouge au bout...

Et je ne vois aucune raison de n'en pas faire l'épigraphe de ce chapitre.

Dans le gâchis où nous pataugeons, il serait une voie simple et certaine de salut : il s'agirait de deux opérations tout à fait élémentaires.

La première consisterait à donner leurs véritables noms aux choses et aux hommes, en supprimant tous les synonymes et euphémismes

dont on les déguise. — On l'a dit avec raison :
— Si le diable, au lieu d'étiquettes mensongères, collait sur ses fioles les vrais noms de ses drogues, il n'en aurait pas grand débit.

Ce sera le sujet d'un autre et spécial chapitre que j'écrirai quelqu'un de ces jours.

La seconde opération serait de ranger dans leur ordre logique et légitime les devoirs, les besognes, les intérêts et leur satisfaction; c'est ce que nous allons tâcher au moins d'indiquer aujourd'hui de façon à établir ce principe :

— Fais ce que tu peux et dois faire, avant ce que tu as envie de faire.

Que diriez-vous d'un homme qui, chargé de l'ordonnance d'un festin, commencerait par acheter une précieuse argenterie, des porcelaines rares, des cristaux, des fleurs, etc., et y dépenserait tout entière la somme qui lui aurait été allouée, de sorte qu'il ne lui resterait plus d'argent pour le pain, pour la viande, pour le vin, etc.?

Vous diriez que c'est un sot marmiton, en supposant même qu'il n'eût fait aucun bénéfice secret sur les achats si mal ordonnés.

On blâme encore, mollement, mais on blâme encore une femme qui fait mourir de faim son mari et ses enfants, ou du moins les nourrit chichement, grossièrement et insuffisamment, pour s'acheter de plus belles robes, plus souvent renouvelées, des joyaux, des fards, des pommades et des parfums.

Or, c'est ce que font depuis longtemps nos gouvernants ; le superflu ayant pris la place du nécessaire, s'étend et s'élargit dans cette place usurpée jusqu'à l'occuper tout entière ; quant au nécessaire, quelque rigoureux qu'il soit, on s'en occupera plus tard, s'il reste de l'argent, et il n'en reste jamais.

« Bâtissons une ville par la pensée, dit Socrate dans la *République* de Platon — nos besoins la formeront — le premier et le plus grand de nos besoins, c'est la nourriture, d'où dépend la conservation de notre être et de notre vie. »

Koung-fu-tsée, Confucius, le plus grand philosophe qui ait jamais existé, voulait et obtenait que, à la Chine, dans un empire de trois ou quatre cent millions d'habitants, les paysans, les laboureurs formassent le premier ordre de l'État.

Le paysan, en effet, peut se passer de tout le monde, et personne ne peut se passer de lui. Les productions de la terre constituent les seules véritables richesses. L'or, l'argent, les billets, etc., n'en sont que l'image et la représentation. Supprimez les produits de la terre, les billets de banque et l'or, qui ne faisaient que les reproduire, sont des chiffons et des cailloux. Rappelez-vous que, pendant le siège de Paris, une motte de beurre arrivée à la Halle excita cent fois plus d'admiration et d'envie que n'avait fait quelques années auparavant un lingot d'or de quatre cent mille francs exposé pour une loterie. Ç'aurait été bien plus frappant encore si le lingot d'or et le lingot de beurre eussent été exposés pendant le siège à côté l'un de l'autre.

Le premier besoin, l'agriculture, s'applique à tous les temps, à tous les pays, à tous les peuples.

Il en est d'autres qui, particulièrement pour la France, sont, il faut l'espérer, momentanés, mais n'en sont pas moins urgents et doivent jusqu'à nouvel ordre occuper le second rang.

Le troisième rang appartient pour le moment à la justice, à laquelle devrait appartenir et, je l'espère, appartiendra plus tard le second.

On a supprimé Dieu et la religion, et par conséquent la crainte de la justice divine, d'une vie future et des peines inévitables.

A moins d'être tout à la fois et tout à fait bête et ignorant, on devrait voir que de cette situation sort, non pas la tendresse qu'on affiche pour les assassins et les parricides, mais la triste nécessité d'augmenter la sévérité, les rigueurs de la justice humaine restée seule.

Quant au numéro premier, à l'agriculture, il semble qu'on ait pour but de la détruire par l'élargissement absurde des villes, par les séductions de salaires exagérés et de plaisirs malsains, pour y attirer les paysans, par l'indifférence, par le dédain qu'on affecte pour les *ruraux*,

> . . . . . . Du beau nom de paysan,
> Dans leurs villes de boue ils ont fait une injure,

par la surcharge d'impôts qu'on fait peser sur eux, par l'importance et la suprématie donnée aux « ouvriers » de l'industrie, parce que le paysan ne fait ni grève ni émeute, ne tue et ne se fait pas tuer volontiers au service des bavards affamés, des avocats sans clients, des médecins sans malades, etc.

Les campagnes se dépeuplent; les enfants des paysans vont se faire ouvriers, et, qui pis est, « ouverriers sans ouvrage » et « travailleurs » dans les villes qui deviennent tous les jours et de plus en plus, comme les appelaient les anciens, « l'excrément des campagnes ».

La France, ce pays agricole par excellence, et par cela le plus riche et le plus solidement riche du monde, cette année ne produit pas assez de blé et de pain pour nourrir ses habitants, et doit recourir aux étrangers.

Stanislas Leczinski, dont la fille Marie Leczinska épousa Louis XV, fut souverain de la Lorraine et du duché de Bar pendant vingt-huit ans; jamais peuple ne fut aussi heureux : le roi, appelé « le bienfaisant », avec deux millions de revenu, favorisa les lettres et les sciences, entretint une cour brillante et polie, à laquelle les grands écrivains et les savants illustres trouvaient une cordiale hospitalité.

4.

Si ce que, par habitude, on appelle le gouvernement de la France eût appliqué aux dégrèvements si inutilement demandés, si hyprocritement promis pour l'agriculture, les centaines de millions dépensés pour la Tunisie, pour Madagascar, pour le Tonkin, nous ne verrions pas le déplorable découragement où tombent les paysans. Conquérir des colonies! pourquoi faire? La ruche est-elle trop pleine qu'elle doive essaimer? La population de la France diminue; un tiers des meilleures terres reste en friche. C'est pour la culture de ces terres abandonnées qu'il faudrait fonder une colonie de paysans, au lieu d'aller à l'autre extrémité de la terre conquérir un sol qui, engraissé, fumé du sang et des cadavres de nos soldats, n'a produit jusqu'ici que des fièvres paludéennes et pernicieuses, et qui ne renvoie à la mère patrie pour prix de ses millions sacrifiés et comme récolte de l'année, que des vaisseaux fatigués, démolis, presque hors de service et chargés de malades, de mourants, et apportant le choléra à Toulon.

Mais qu'importe que nos vaisseaux soient ruinés et détruits? Avant cinquante ans d'ici *nous n'aurons plus de marins*.

Cette assertion énorme, effroyable, monstrueuse a besoin d'être démontrée; c'est ce que je vais essayer de faire.

M. Louis Caffaréna m'a fait l'honneur de m'envoyer un volume du plus grand et du plus poignant intérêt :

Nos pauvres marins.

S'il m'a envoyé ce livre, c'est qu'il sait sans doute que j'ai passé une grande partie de ma vie sur nos côtes maritimes, que j'ai vécu parmi les marins et les pêcheurs, que j'ai partagé leur pauvreté, leurs fatigues et quelquefois même leurs dangers, et que je sais une grande partie des misères qu'il révèle ; il sait que j'ai publié, il y a bien longtemps, l'histoire de *Rose et Jean Duchemin d'Étretat,* histoire écrite sur des notes de Rose Duchemin, qui avait élevé dix-huit enfants *avec la fortune de ses bras,* notes dont la véracité était attestée par le maire d'Étretat.

Nous allons donc parler des marins en empruntant une grande partie des détails que nous allons donner au livre de M. Caffaréna, livre qui est une bonne action et un acte patriotique, dans l'ancienne et honnête acception de ce mot que les pseudo-républicains ont si souvent rendu odieux et même ridicule.

En dépit de certaines légendes qu'un ou deux écrivains sérieux de ce temps-ci ont ramenées à des proportions plus humaines, si on improvise des soldats on n'improvise pas de vieux soldats, ni, à quelques brillantes exceptions près, de soldats valant les vieux.

C'est bien plus grave en fait de marins. Il n'y a pas, il ne peut pas y avoir de marins « conscrits »; les marins forment une classe, je dirais même une espèce à part. Il faut presque être né marin, ou du moins faire « le métier de la mer » depuis son enfance.

Je ne sais plus en quelle année, mais c'était sous un des derniers ministères de M. Thiers ; il vint au Havre un jour de régates, et, sur sa demande, je le promenai dans la rade. La mer était un peu clapotante, et il ne s'était pas écoulé une demi-heure qu'il me demanda de retourner à terre ; il était extrêmement pâle et je mis le cap sur Frascati. J'avoue que, sans pitié pour l'état où le mettait le mal de mer, je lui dis : « Aujourd'hui, monsieur Thiers, vous pouvez répondre vous-même à ce que vous proposiez à une des dernières séances de la Chambre, à savoir augmenter l'effectif de nos marins ; en classant avec eux les bateliers et les pêcheurs des rivières, ils seraient tous comme vous êtes aujourd'hui, et notez que je ne vous demande pas d'aller serrer une voile dans les huniers. »

Le marin est au service de l'État depuis dix-huit ans jusqu'à cinquante, après avoir navigué comme mousse de dix ou douze ans jusqu'à dix-huit. Chaque jour on peut l'appeler et l'embarquer pour n'importe quelle partie du monde, pour n'importe quelle guerre, et non seulement sur la mer, mais sur terre, comme on l'a vu en 1870, où les marins ont montré tant de bravoure, de discipline et de dévouement. Tous font un certain temps de service régulier « à l'État; » mais quand ils sont débarqués, il faut qu'ils s'entretiennent, toujours entraînés et tout prêts. Pour cela, il faut qu'ils continuent, soit sur les navires de commerce, soit et surtout comme pêcheurs, le « métier de la mer », et depuis dix-huit ans jusqu'à cinquante ans, ils sont sous la surveillance des commissaires de l'inscription maritime, qui exigent qu'ils ne quittent pas la mer et versent régulièment une partie de leurs gains dans la caisse des invalides de la marine.

Or, quels sont ces gains? On cite comme un cas très rare qu'un pêcheur, en exposant sa vie tous les jours, ait gagné mille francs au bout de l'année. Jamais ce gain n'est dépassé, tandis que le plus grand nombre, les neuf dixièmes, doivent se contenter de cinq cents, de quatre cents francs, et souvent moins, c'est-à-dire un franc ou un franc trente centimes, avec lesquels il faut nourrir une famille presque toujours nombreuse, tandis que, sur terre, les ouvriers journaliers, maçons, charpentiers, ébénistes, ne gagnent jamais moins de trois francs dix sous, et, pour la plupart, cinq, dix francs par jour, et quelques-uns, quinze et vingt francs, étant à peu près sûrs le matin d'être vivants le soir, et tout à fait sûrs de coucher dans un lit, — deux circonstances sur lesquelles le marin ne peut jamais tout à fait compter.

En retour des retenues faites sur leur solde quand ils sont « à l'État », de la contribution qu'ils payent quand ils naviguent au commerce, les marins ont droit à une pension de retraite ; mais pour l'obtenir, il faut avoir cinquante ans d'âge et trois cents mois de navigation.

Le marin meurt quelquefois dans son lit, mais plus souvent aussi à la guerre ou dans un naufrage ; il laisse une veuve et des enfants, qui ont droit à la moitié de la pension qu'il aurait eue ; mais il faut que le mort ait accompli trois cents mois de navigation ; si le pêcheur meurt blessé, usé ou noyé n'ayant que deux cent quatre-vingt-dix-neuf mois et vingt-neuf jours de mer, cas qui se présente parfois, sa veuve et ses enfants n'ont droit à aucune pension, quelque minime qu'elle soit ; la veuve obtiendra, à titre de charité, un secours de *trente à trente-cinq francs tous les deux ans;* c'est un secours de quatre centimes par jour que l'État donne à la veuve et aux orphelins des vieux serviteurs de la patrie.

Or, pendant ces deux cent quatre-vingt-dix-neuf mois de service, le pêcheur a subi une retenue sur sa solde au service de l'État, et versé à la caisse des invalides une partie de ses pauvres gains.

Il faut lire dans le volume de M. Caffaréna les détails navrants de sinistres à la mer.

Un fils, tenant la barre du gouvernail, voyant son père enlevé par une lame, et devant continuer à marcher sans essayer de lui porter secours, sous peine de perdre tout l'équipage. Un père se jetant après son fils, le saisissant sous les lames et ne conservant dans sa main crispée qu'une poignée de cheveux et la peau de la tête, hissé à bord malgré lui par ses camarades et se rejetant à l'eau pour mourir avec lui et ne pas avoir à dire à sa femme : « Notre fils est mort! » Et tant d'autres.

On croirait que les deux classes d'hommes qui nourrissent les autres, les paysans qui labourent la terre pour lui faire produire du pain, les pêcheurs, qui sillonnent la mer pour envoyer le poisson sur nos marchés, deux classes d'hommes qui ne seront jamais riches, dont la première subit tant de fatigues, la seconde tant de fatigues et de dangers, sont pour la société les objets de sollicitude, de faveurs, de caresses, loin de là : ce sont les deux classes les plus dédaignées, les plus abandonnées; grâce au suffrage dit universel, et à la crainte des émeutes qu'on a d'abord suscitées pour être porté au pouvoir et qu'on ne peut empêcher pour ne pas être renversés et remplacés, — on n'appelle « travailleurs » que les ouvriers des villes; en voici un exemple presque incroyable.

Pendant que les marins et les pêcheurs sont ainsi laissés de côté, ils voient, quand ils rentrent dans les ports, les ouvriers des arsenaux traités avec une tendresse particulière. L'ouvrier des arsenaux fût-ce un balayeur, après vingt-cinq ans de services *à terre*, reçoit une pension de six cents à sept cent cinquante francs, et sa veuve trois cent soixante-quinze francs, et notez qu'ils ont bien plus de chances d'arriver à la pension, car ils ne sont pas enlevés par un coup de mer, et ne vont pas recevoir des balles au Sénégal et au Tonkin.

Cette différence de traitement entre les ouvriers des arsenaux qui font leur service à terre, et les pêcheurs et les marins ne s'explique que trop facilement : les ouvriers des arsenaux maritimes forment une masse électorale toujours à terre, toujours disponible, tandis que les marins de commerce et les pêcheurs, presque toujours sur mer, se trouvant absents, éparpillés aux extrémités du monde, ne représentent en fait d'électeurs, qu'une force « négligeable ». N'oublions pas qu'une des chances très fréquentes pour les marins de mourir avant les trois cents mois qui assureraient une pension à leurs veuves et à leurs enfants est la fréquence des cas où ils exposent héroïquement leur vie pour sauver les naufragés.

Il n'y a donc pas à s'étonner si les femmes des marins ne veulent plus que leurs fils aillent à la mer, et ne pensent qu'à les envoyer à la ville faire des métiers moins fatigants, moins dangereux et bien autrement rétribués. On ne peut plus faire exécuter le règlement enjoignant d'embarquer un mousse sur tout bateau portant au moins trois hommes d'équipage. Il n'est pas étonnant que beaucoup de marins faits abandonnent leur pension de retraite, pour laquelle ils ont cependant donné de l'argent toute leur vie sur leurs gains si chétifs, pour tâcher de gagner leur pain plus sûrement et avec moins de périls.

Aussitôt quittes de leur service réglementaire, cinq ans à l'État, les marins congédiés et rentrés dans leurs foyers, au lieu de continuer comme jadis « le métier de la mer », soit en naviguant au commerce, soit en faisant la pêche, pour les *neuf dixièmes* l'abandonnent, tâchent d'entrer dans la douane, dans la gendarmerie, dans les chemins de fer; beaucoup se font maçons, tonneliers, cordiers ou travaillent à la terre comme hommes de journée.

Tous les armements de pêche diminuent chaque année; aujourd'hui, quand les États-Unis pêchent pour cinq cent millions, l'Angleterre pour deux cent cinquante millions, le produit de la pêche des marins français est à peine de quatre-vingt-trois millions.

Est-ce quand on prétend ne pas avoir le moyen de subvenir à de telles misères, de payer cette dette à une classe de gens qui acceptent le gros lot des devoirs, des dangers et des dévouements, qu'un pays a le droit de se donner le luxe d'expéditions lointaines et ruineuses, pour « cueillir des lauriers » ? Additionnez les millions dépensés follement, inutilement et criminellement depuis quinze ans, et partagez-les entre l'agriculture et la marine.

Le plus vulgaire bon sens n'indique-t-il pas qu'il faut placer dans leur ordre de nécessité et d'urgence les besoins à satisfaire ?

Comme objet de luxe qu'on ne doit se permettre que quand tous les devoirs sont accomplis et tous les besoins satisfaits, qu'est-ce que la rétribution donnée aux députés ? Autrefois on ne les payait pas. A-t-on obtenu en les payant une qualité supérieure ? A-t-on de plus puissants orateurs ? de plus honnêtes, de plus indépendants, de plus laborieux, de plus intelligents, de plus désintéressés représentants ?

Quand on ne payait pas les députés, on ne voyait pas se ruer en si grand nombre sur la députation ces avocats sans clients, ces médecins sans malades, ces affamés, ces parasites, pour qui les neuf mille francs sont une fortune inespérée, sans compter les trafics et les tripotages.

A-t-on vu, quand on ne payait pas les députés, une Chambre aussi déplorable que celle qui s'est rendue complice de M. Ferry ?

Eh bien ! l'argent avec lequel on paye aujourd'hui les députés donnerait une pension de deux cents francs à *trente mille veuves et enfants de marins*, qui meurent de faim.

La pauvre France est sur une pente que retrace en ce moment le village de Chancelade, auprès de Périgueux, qui vient de glisser et de tomber dans des carrières creusées à ses pieds, écrasant et ensevelissant ses habitants.

En France, la population diminue, l'agriculture est abandonnée, la marine va l'être, la fortune publique est plus que compromise. La vie pour tous est plus chère et plus difficile qu'elle ne l'a jamais été, sans compter ceux pour qui elle est impossible.

La faim, la soif, les appétits de tous genres seuls se sont accrus et exaspérés, si bien qu'il n'y a plus à manger pour tout le monde et que chacun pour son dîner compte sur le dîner du voisin, qu'il s'occupe par ruse ou par force de lui enlever.

Tout craque, tout s'affaisse, tout glisse et coule, tout va tomber dans le gouffre que les soi-disant républicains ont creusé.

Encore un peu de temps, et sur des débris et des décombres il ne restera rien,

Rien que la République — laquelle République n'existe pas.

L'HISTOIRE D'AUJOURD'HUI

HISTOIRE DE DEMAIN ET PEUT-ÊTRE DE TOUJOURS

UNE BRASSERIE

A une table, dans le coin le plus sombre, Robert Macaire, le baron de Wormspire, Bertrand.

MACAIRE, *frappant sur la table.* — Hé! la fille, trois bocks.

WORMSPIRE. — Non, je préfère une chartreuse.

BERTRAND. — Et moi, idem; ne vous fâchez pas, mes bons amis, je prendrai un mêlé-cassis.

MACAIRE. — Pourquoi crains-tu de nous fâcher, le baron et moi, en manifestant tes goûts un peu vulgaires?

BERTRAND. — C'est que c'est un de vous deux

qui payera la « consommation », car à coup sûr ce ne sera pas moi.

MACAIRE. — C'est ce qu'on verra plus tard. — Versez, belle Amanda.

» Or, mes vieux amis, si je vous ai réunis ce soir, c'est pour traiter une question des plus sérieuses : nos affaires vont mal.

WORMSPIRE. — Très mal.

BERTRAND. — On ne peut pas plus mal.

MACAIRE. — Ce n'est pas que l'autorité soit plus vigilante ni plus adroite.

BERTRAND. — Oh! non.

MACAIRE. — C'est la concurrence qui nous ruine. Autrefois il y avait deux grandes classes : les voleurs et les volés ; aujourd'hui cette seconde classe si intéressante tend à disparaître : on en est réduit à se voler entre voleurs ; tout est jeu, tout est tripotage. L'autre soir, histoire de rire, j'arrête un passant bien couvert, et, lui montrant un pistolet, je lui dis, employant pour m'amuser la vieille formule démodée : « La bourse ou la vie. » Le passant tire un revolver de sa poche et me dit : « J'allais vous faire la même proposition.

WORMSPIRE. — J'avais imaginé une affaire magnifique. J'avais inventé une île et un roi sauvage auquel je l'avais achetée, et je la revendais aux gogos par lots. Eh bien, ce malheureux marquis de Rays a éventé la mèche. Son procès a fait sombrer mon île, mon affaire. Aujourd'hui j'en suis réduit à vivre des bienfaits d'Eloa; tu sais, Robert, celle que tu avais siniaisement prise pour ma fille et dont je t'avais accordé la main. Mais Eloa se « décatit »; il n'y a plus la même presse dans son boudoir, et d'ailleurs je la soupçonne de se faire un petit magot et d'agir de dissimulation avec celui qui lui a servi de père.

BERTRAND. — Et moi, pour un malheureux jeu de bonneteau et de trois cartes que j'avais installé aux Champs-Élysées le jour de l'enterrement de Victor Hugo, je me trouve, contumace, condamné à un mois de prison que je ne ferai que le plus tard possible.

MACAIRE. — Il est temps de prendre un grand parti. — Délicieuse Amanda, un rebock.

WORMSPIRE. — Une rechartreuse.

BERTRAND. — Un remêlé-cassis.

MACAIRE. — Notre perte, mes amis, c'est de ne plus être de notre temps, c'est de jouer « le vieux jeu », c'est de ne pas avoir suivi le progrès, c'est de nous obstiner à marcher à pied sur des routes sillonnées de rails. Il n'y a plus qu'une carrière aujourd'hui : c'est la politique. La politique seule, non seulement permet de travailler en grand, mais de travailler avec sécurité. Ce n'est que de temps en temps que la justice se réveille en faisant condamner deux députés maladroits comme Marius et Brutus. D'ailleurs, quand on aura fini d'épurer la magistrature, ces scandales ne se reproduiront pas. Si on n'est pas homme politique, il n'est pas impossible, si on tombe sur un jury pas assez avancé et sur un tribunal pas assez épuré, qu'on attrape une condamnation sévère pour avoir malgré soi étranglé un passant attardé et récalcitrant, qui refuse sa montre à un homme malheureux.

» Eh bien! si on est tant seulement ministre, pour faire faire une affaire à un parent qui se montrera reconnaissant, on fait, sans l'assentiment préalable des Chambres, une guerre au Tonkin, où l'on envoie mourir par le feu, les maladies et toutes les misères, des hommes par milliers, en même temps qu'on soutire à la France son argent par centaines de millions, et on n'est pas inquiété pour cela. Ne me parlez plus d'Eloa, baron; partager avec Eloa le fruit de ses travaux ne fait de vous qu'un misérable souteneur. Ce n'est pas à Eloa, c'est à la France qu'il faut prendre son argent, et on est homme politique, homme d'État, grande victime quand on est renversé momentanément; je dis momentanément, car avec ce bon peuple français qui n'a pas de mémoire pour les choses passées il y a six mois, on n'est jamais perdu.

BERTRAND. — Grand homme, tu as raison comme toujours.

» Il y a six mois, découragé par le mauvais succès de toutes mes entreprises, je pris un parti violent, désespéré; je voulus faire comme tant d'ouvriers dits honnêtes que j'avais jusque-là méprisés; je voulus, le dirai-je? travailler; mais pour n'importe quel métier, il faut l'apprendre. Vous voulez gagner votre vie comme menuisier, serrurier, tailleur de pierre; on vous demande : Où avez-vous appris l'état, où avez-vous travaillé? Tandis que pour être ministre, ambassadeur, sénateur, député, préfet, sous-préfet etc., il suffit d'avoir pendant quelque temps joué, perdu ou gagné des bocks dans tel ou tel café, telle ou telle brasserie, avec des gens se proclamant républicains, et de se proclamer plus républicains qu'eux. Si un d'entre eux parle de guillotiner dix mille réactionnaires et cléricaux, dire qu'on ne comprend pas l'affaire à moins de trois cent mille têtes, comme Marat. C'est un titre suffisant pour occuper n'importe quelle place; on en sait assez, ou du moins on ne vous en demande pas davantage.

MACAIRE. — Donc, nous abandonnons la voie où nous avons trop longtemps persévéré; plus, sous aucun prétexte, de ces délits et de ces crimes appelés le « droit commun » qui entraînent un tas de désagréments et le mépris des gens à préjugés, tandis que les délits et les crimes... politiques vous donnent de la gloire d'abord, l'enthousiasme des foules, et vous constitue des droits à des pensions, à des places, à des fonctions grassement rétribuées, avec l'adjonction d'un tas de petits tripotages, pots de vins, etc. C'est bien convenu ; séparons-nous, et ce soir au lieu de notre rendez-vous ordinaire, nous nous retrouverons à la réunion politique annoncée au cirque ; j'y prendrai la parole, et vous m'en direz des nouvelles.

Le baron de Wormspire sort de la brasserie, Macaire saute par une fenêtre ; Bertrand stupéfait reste seul, le garçon lui demande le prix des « consommations ». Bertrand a « oublié sa bourse », le garçon appelle le patron : « Voilà un monsieur qui dit comme ça qu'il a oublié sa bourse. » Le patron envoie chercher la garde. Bertrand hésite ; mais Macaire de la fenêtre derrière laquelle il est resté accroupi, se lève et crie : Tape dessus, mais en criant : « Vive la République ! » Bertrand prend un tabouret ; d'un coup sur la tête il étend le garçon par terre ; mais il a attendu trop tard, le patron revient avec la garde. Bertrand fait une défense désespérée en vociférant : « Vive la République ! vive la Commune ! vive la guillotine ! »

Néanmoins, accablé par le nombre, il est traîné au violon et de là à Mazas.

Quelques jours plus tard, il est sur un banc entre deux gendarmes, par-devant les juges de la cour d'assises. Devant lui est un avocat, correctement vêtu de la robe et de la toque et porteur de la serviette d'ordonnance. Les autres avocats se demandent quel est ce confrère qu'ils ne connaissent pas.

Les juges se font entre eux la même question. C'est sans doute quelque avocat de province. Le greffier lit l'acte d'accusation. On procède à l'interrogatoire de l'accusé. Macaire souffle à Bertrand des réponses insolentes. Les sourcils des juges sont très froncés. Le substitut du procureur de la République, par conviction d'abord et ensuite pour être agréable aux magistrats, frappe dru sur l'accusé.

Mᵉ Macaire prend la parole.

Messieurs,

» L'homme que vous voyez devant vous, que vous allez juger, et j'espère absoudre, est un triste exemple à la fois des excès où peut descendre la haine politique et du mauvais ordre social dans lequel nous vivons.

» Mon client est ouvrier, fils d'ouvrier, prolétaire, victime du salariat, du patronage, de l'infâme capital. C'est en vain que Louis Blanc avait prêché le « droit au travail », c'est en vain que nous avons demandé qu'on restituât à l'ouvrier les outils et, au premier rang des outils, ce qui est le plus puissant des outils, le capital. — Bertrand est ouvrier, ouvrier sans ouvrage, il l'a toujours été et le sera toujours. Eh! pourquoi? parce que Bertrand est républicain de conviction, et je dirai avec d'autant plus d'assurance républicain de religion, qu'il n'a pas d'autre religion que la République : — de là, vous voyez conjurés contre lui les réactionnaires et les cléricaux et les odieux détenteurs d'une si grande partie du capital.

» De là la haine que lui portent les faux républicains, les traîtres que nous avons juchés au pouvoir, et qui n'ont tenu aucune des promesses faites au peuple, leur maître, mon maître et votre maître à vous, messieurs, ne l'oubliez pas dans cette circonstance solennelle.

» De là les tracasseries incessantes d'une police que je dois appeler infâme, parce que la langue française, trop pauvre, ne me fournit pas de plus énergique adjectif. De là l'acharnement que met le ministère public à relever dans la poussière des greffes, disons mieux, dans le martyrologe des écrous, quelques condamnations encourues par mon client ; ces condamnations, nous ne les nierons pas ; nous en ferons un titre à la compassion et à la justice du tribunal. Dans ces précédentes circonstances comme dans celle qui se présente aujourd'hui, ce n'est pas comme voleur que Bertrand a été accusé et condamné : ne nous arrêtons pas à la surface des choses, et nous verrons que c'est comme républicain et parce qu'il est républicain ; ces cris mêmes que M. le substitut lui reproche avec amertume, ces cris de : « Vive la République ! » partaient du cœur au moment où il succombait sous le nombre dans ce combat héroïquement engagé contre le marchand de vin, le garçon et les suppôts de la rue de Jérusalem. »

Ici le président invite l'avocat à ne pas se servir d'appréciations offensantes à l'égard de la police.

— Eh quoi! s'écrie Macaire, la sainte liberté de la défense n'existe-t-elle plus? L'accusé verra-t-il enchaînée la parole de son défenseur? Je maintiens mon expression de suppôts de la rue de Jérusalem, expression que je prouverais au besoin être un euphémisme. Bertrand, dit M. le substitut, après avoir absorbé avec deux compagnons diverses consommations, a refusé de payer; puis il a, d'un coup de tabouret, fêlé la tête du patron de l'établissement. Que vouliez-vous, dirai-je avec le grand Corneille, que vouliez-vous qu'il fît contre dix, abandonné lâchement par ses amis? Il n'est tombé qu'en usant du reste de ses forces pour confesser sa religion politique, en criant : « Vive la République! » Et ne vous y trompez pas, messieurs, je le répète : Ce ne sont pas les peccadilles si soigneusement recueillies qui inspirent à M. le substitut ces accents passionnés, cette soif du sang de mon client, c'est sa profession de foi républicaine.

» Quant au plaignant, je dirai avec un de nos ancêtres, de nos maîtres, de nos modèles : « Ce sang est-il si pur? »

» Certes, je professe comme notre autre maître, Gambetta, une sincère sympathie pour l'estimable classe des marchands de vin, et je fais des vœux pour qu'on les débarrasse de ce laboratoire, de cette inquisition qui s'acharne contre eux.

» Mais celui-ci est un membre indigne de cette honorable corporation, qui porte haut le drapeau de la République, de la vraie, de la sainte, le drapeau rouge ! »

Le président fait remarquer à l'orateur que le drapeau de la République est le drapeau tricolore.

— Oui, de votre République, répond Macaire en frappant la barre d'un coup de poing retentissant.

Le substitut hausse les épaules et ne réplique pas. Bertrand est condamné au maximum de la peine.

Macaire sort aux applaudissements de la foule.

Le lendemain, ce sont le baron de Wormspire et Eloa qui sont sur le banc des accusés; c'est encore Macaire qui est leur défenseur.

Il s'agit d'une accusation de chantage. Un vieux monsieur, attiré par Eloa, a vu tout à coup sortir d'une armoire le baron indigné qui, armé d'un pistolet, lui a fait vider ses poches, l'a dépouillé de sa montre et de son portefeuille, et lui a fait signer un billet, avec menace de le présenter à sa femme s'il n'était payé le lendemain.

— Il est bien temps, s'écrie Macaire, que nous nous renversions et que nous édifiions à nouveau les bases sur lesquelles agonise une société moribonde, pourrie et sentant mauvais. Combien de fois voyons-nous, grâce à une législation fondée sur le privilège des castes et la servitude du peuple, que ce sont les accusés, parfois même les condamnés qui, au point de vue des vrais principes républicains, sont les victimes, tandis que les plaignants, les accusateurs, sont les véritables coupables!

» Quels sont aujourd'hui les accusés? Le descendant d'une antique famille, M. le baron de Wormspire.

LE SUBSTITUT. — L'accusé n'est point baron.

MACAIRE. — Il ne l'est plus, il a jeté aux orties ce titre d'une noblesse qui rappelle tant l'oppression du peuple, et il me fait signe de ne pas discuter sur ces vains hochets qu'il méprise.

» L'accusée, elle, pauvre enfant du peuple, née pure et chaste, qui très probablement a été séduite, perdue par quelque grand seigneur.

LE SUBSTITUT. — Nous avons des notes; le premier amant de la fille Eloa était un perruquier.

MACAIRE. — Eh! qui vous dit, monsieur le substitut, que ce perruquier n'était pas un seigneur déguisé? Les romans et les pièces de théâtre du siècle dernier sont remplis de semblables déguisements employés par les aristocrates pour séduire, débaucher et perdre de pauvres filles du peuple auxquelles était échu le don de la beauté, don funeste dans une société corrompue, et, d'ailleurs, le séducteur fût-il un vrai perruquier, ces négociants, ces patrons, ces bourgeois ne sont-ils pas aujourd'hui une autre aristocratie qui, succédant à celle que nous avons abattue, ne se contente pas d'hériter de son immoralité et y ajoute qu'elle s'engraisse de la sueur du peuple?

LE SUBSTITUT. —Non, c'était un simple garçon perruquier, et d'ailleurs la fille Eloa depuis longtemps s'est mise au nombre des filles publiques; elle pourrait montrer sa carte.

MACAIRE. — O préjugés, qui, semblables à des serpents venimeux, remuent encore après avoir été coupés en morceaux! ô mânes de nos ancêtres de 1793! faisait-on subir la puérile et indécente torture de cet examen aux grandes citoyennes, aux braves tricoteuses qui, dans les tribunes des clubs, encourageaient les orateurs, ou, au besoin, les gourmandaient par d'énergiques et patriotiques engueulements...

Etc., etc., etc.

Le président essaye plus d'une fois, mais en vain, de réprimer les applaudissements de l'auditoire.

Le baron de Wormspire et Eloa sont assez sévèrement condamnés; mais ils ont, de ce point, fait leur entrée dans la politique; ils sont, comme Bertrand, promus victimes de la réaction et du cléricalime; ils ont des droits à la sympathie, à des réparations, à des compensations, à des indemnités.

Quant à Macaire, son affaire est faite, il est homme politique, éminent orateur, avocat populaire. Le ministère public et les magistrats tremblent devant lui, le jury l'admire. Ce n'est qu'un jeu pour lui de faire acquitter des assassins et des parricides. Il a les plus grandes chances d'être nommé député aux prochaines élections. Une fois député, il ne mettra plus de bornes à son ambition. Il sera aspirant ministre et candidat à la présidence de la République.

HISTOIRE D'HIER

HISTOIRE D'AUJOURD'HUI, HISTOIRE DE DEMAIN

HISTOIRE DE TOUJOURS

si Dieu ne se remet pas énergiquement à protéger la France.

PERSONNAGES

Maître MACAIRE, avocat républicain, honnête, modéré, athénien, opportuniste, radical, nihiliste, possibiliste, socialiste, communard, terroriste, etc., selon le vent qui souffle, au besoin futur candidat à la clef de chambellan de l'empire que la République doit amener ; il est vêtu d'une robe et d'une toque d'occasion louées à la friperie, et que le matin la marchande à la toilette voulait lui reprendre faute de payement ; sous la robe, il est en manches de chemise, ayant prêté son habit à Bertrand qui n'en avait pas et lui a donné en échange un portefeuille, *ser-*

vielle de maroquin, qu'il a emprunté à un étalage;

M. le baron de WORMSPIRE, médecin allopathe, homœopathe, triste-à-pattes, inventeur de dix poudres, de trente élixirs, d'une multitude d'eaux et de pommades, de juleps, etc., dentiste, pédicure et athée; quoique l'on soit au mois de juin, il est vêtu d'un pardessus orné de larges fourrures;

BERTRAND, écrivain publiciste et pornographe; il porte avec orgueil l'habit noir râpé et trop large de Robert Macaire, col de chemise en papier, bottes éculées; tous deux républicains de toutes les couleurs et de toutes les nuances, tous deux victimes de la société, de la réaction, du cléricalisme, du 2 Décembre, du capital, du salariat, etc., courtiers d'élections officielles, candidat de tout ce qui est dans la poche des autres;

ELOA, femme libre, libre penseuse, libre soupeuse, libre aimeuse, tricoteuse, émule de Théroigne de Méricourt, revendique les droits de la femme plus hautement que mademoiselle Barberousse et les autres hommesses, robe de soie éraillée, piquée, couverte de taches de graisse;

LE PEUPLE, Δῆμος, plus difficile à apprécier et à définir.

Les hommes ne sont jamais tout à fait affranchis de la punition qui leur fut infligée lors de leur audacieuse tentative de la tour de Babel, — la confusion des langues; de cette confusion qui fait appeler la même chose de plusieurs noms différents, ou des choses différentes d'un seul et même nom, sortirent la plupart des erreurs, des haines et des guerres.

Les langues modernes, formées pour la plupart des débris et des épluchures des langues antiques, sont loin d'avoir corrigé cette imperfection.

Ainsi le mot *peuple* en français.

Quand les Latins disaient *populus*, ils entendaient parler de l'universalité de la nation ; sénateurs, consuls, chevaliers, tribuns, prolétaires, etc., pas un seul citoyen n'était excepté.

Mais quand ils voulaient parler de cette partie du peuple qui ne remplissait aucune fonction et ne faisait partie d'aucune classe supérieure — Sénat, consulat, chevaliers, — ils disaient *plebs*, — mot auquel ceux qui le prononçaient n'attachaient aucun sens dédaigneux — *in duas partes*, dit Salluste, *patres et plebem* — il en était de même, je crois, chez les Grecs, du mot πληθος.

Tandis que nous, avec notre seul mot peuple, les uns désignent, il est vrai, la totalité de la nation française ; mais les autres la partie la plus pauvre et la plus nombreuse ; d'autres encore la partie la plus mauvaise, la plus turbulente, la plus méprisable de cette nation.

De sorte qu'on dit et qu'on entend dire, à propos du peuple, les choses les plus diverses, les plus contradictoires, qui cependant peuvent être également vraies, selon le point de vue où l'on se place et selon ce qu'on entend par ce mot.

Quatre exemples :

Le peuple est souverain;

Tout pour le peuple;

La majesté du peuple romain, etc.;

La voix du peuple est la voix de Dieu, etc.

On a parfaitement raison, si on entend par peuple l'universalité de la nation, mais on a parfaitement et dangereusement tort, si l'on entend une partie de la nation *plebs*, πληθος, par opposition à une autre partie de la même nation que l'on désigne par les noms d'aristocrates, de fonctionnaires, de riches, de bourgeois, de patrons, de messieurs, etc., titres auxquels on ajoute volontiers ceux de tyrans et d'oppresseurs, les excluant injustement du peuple dont ils font partie comme les autres.

Cette division absurdement faite de la nation en deux peuples nous constitue en état de guerre civile perpétuelle.

Depuis bientôt un siècle, les pamphlétaires qui ont usurpé le titre d'historien, et je parle des plus célèbres comme des autres, ont suivi comme une mode, et dans une recherche aveugle d'une popularité dont la France a payé chèrement les frais, le système de diviser ainsi la patrie, d'attribuer à une des classes les vices de toutes les deux, réservant les vertus de toutes les deux à l'autre classe, le peuple.

J'aurais à ce sujet bien des choses à dire, — mais la place me manquerait; j'y reviendrai. Je ne citerai que Cicéron qui se plaint qu'on étende le nom de peuple aux coquins et aux scélérats.

« Le tyran, dit-il dans son *Traité de la République*, est le monstre le plus hideux que l'on puisse concevoir; mais l'empire de la foule n'est pas moins tyrannique que celui d'un seul homme : elle est le plus détestable des tyrans quand elle usurpe le nom du peuple et le prétexte de la liberté. »

ROBERT MACAIRE frappe à la porte du peuple.

Δῆμος. — Qui frappe ?

MACAIRE. — Des amis.

Δῆμος. — Je parie qu'ils ont soif.

MACAIRE. — Peut-être, mais nous voulons d'abord causer avec toi.

Δῆμος sort de sa maison. Robert, Worsmpire, Bertrand lui serrent les mains, Eloa lui lance un doux sourire.

MACAIRE. — Peuple, tu es malheureux.

Δῆμος. — Euh ! Euh ! comme ça, pas trop.

MACAIRE. — C'est l'ignorance où te tient l'arbitraire qui t'empêche de voir que tu es malheureux ; mais tu es malheureux, tu es pauvre.

Δῆμος. — Je ne suis pas riche, mais le pain ne manque pas à la maison ; on a des choux, des pommes de terre et du lard qui cuisent en ce moment et dont on sent la bonne odeur. Ça s'arrose, ça, avec un pot de bon cidre — à votre service.

MACAIRE. — Volontiers, mais en attendant que ça soit cuit, jasons un peu, — moi je suis l'ami, le grand ami du peuple.

BERTRAND. — Un vrai ami.

WORMSPIRE. — Un ami comme on n'en voit guère.

ELOA. — Un ami comme on n'en voit pas.

Δῆμος. — D'où vient que je ne vous connaissais pas ?

MACAIRE. — J'étudiais dans la retraite les besoins et les misères du peuple et les moyens de lui venir en aide.

WORMSPIRE. — Oui, nous étudiions.

BERTRAND. — Dans la retraite.

ELOA. — Dans mon boudoir.

MACAIRE. — D'abord, il faut que je te fasse voir que tu es malheureux et pauvre. 1° Es-tu marquis ?

Δῆμος. — Je ne sais pas ce que c'est. Cependant le propriétaire de ma terre est marquis, on l'appelle comme ça. Mais il ne me loue pas cher, et quand l'année est mauvaise, il me rabat un peu et donne du temps.

MACAIRE. — As-tu une grande maison en pierre de taille, un château avec des salons dorés ?

Δῆμος. — Je n'ai que ma maison. Sous le chaume il fait frais l'été et chaud l'hiver. Et, au printemps, la crête du toit est fleurie d'iris violettes. Nous avons assez de place pour nous, nos enfants et nos bêtes.

ELOA. — Pauvre homme qui n'a pas seulement un salon doré !

MACAIRE. — As-tu une voiture et des domestiques galonnés ?

Δῆμος. — J'ai une solide charrette, un bon cheval, et mes enfants et moi nous n'avons pas besoin de domestiques fainéants et voleurs comme ceux du château.

ELOA. — Et c'est dans cette charrette que vous menez votre femme au bois ! Pauvre femme !

MACAIRE. — Manges-tu souvent des faisans truffés ?

Δῆμος. — Non, mais aux bonnes fêtes, une oie avec des marrons.

MACAIRE. — As-tu jamais mangé une omelette d'œufs de perdrix avec une purée de gibier ?

Δῆμος. — Je ne sais pas ce que c'est.

MACAIRE. — As-tu mangé des petits pois de

l'année prochaine ? Bois-tu du vin de Bordeaux, du du vin de Champagne.

Δῆμος. — Vous me direz tout à l'heure ce que vous pensez de mon cidre.

MACAIRE, *avec la grande voix, les grands mots et les grands gestes de la profession.* — Peuple tu es fort, tu es grand, tu es magnanime. (Δῆμος *salue.*)

MACAIRE. — Mais tu es malheureux, tu es pauvre, tu es esclave.

Δῆμος. — Vous croyez ?

WORMSPIRE. — Oui, malheureux.

BERTRAND. — Oui, pauvre.

ELOA. — Oui, esclave.

Δῆμος. — Puisque vous le voulez absolument...

MACAIRE. — Tu es tout cela, parce que les rois, les marquis, les riches, les bourgeois, les patrons boivent ta sueur.

Δῆμος. — C'est donc bon, ma sueur ? il m'en est tombé quelquefois une goutte du front sur les lèvres en travaillant l'été ; c'est salé.

MACAIRE. — Peuple, il dépend de toi d'être riche, heureux et libre, car tu es le maître, tu es le roi, le suprême souverain.

Δῆμος. — Pas possible !

MACAIRE. — Confie-moi tes intérêts, ô mon cher petit peuple ! et tu deviendras ce que tu dois être : libre, roi.

Δῆμος. — Alors je garderai mes vaches à cheval?

MACAIRE. — Les rois, les riches, les bourgeois ne boiront plus ta sueur, pour deux raisons : la première, c'est que tu ne travailleras plus, tu ne sueras plus; la seconde, c'est qu'il n'y aura plus ni rois, ni riches, ni marquis, ni bourgeois.

BERTRAND. — Ni rois.

WORMSPIRE. — Ni riches.

ELOA. — Ni marquis.

MACAIRE. — Ni bourgeois ! prends-moi à ton service, tu seras le maître, moi le valet; tu me donneras tes ordres et tu exigeras qu'on m'obéisse.

Δῆμος. — C'est que je ne sais pas trop qu'ordonner.

MACAIRE. — Rien n'est plus simple : pour que tu ne te fatigues pas et ne t'ennuies pas,

> Ton esclave à genoux te dira chaque soir
> Ce que le lendemain il te faudra vouloir.

ELOA. — Et je t'aimerai, ô cher petit peuple, δημοχιδίον, et je te permettrai de chiffonner ma robe de soie à vingt francs le mètre.

Et alors le peuple dit ce qu'il disait du temps d'Isaïe en pareille occurrence, ce qu'il a toujours dit depuis aux hâbleurs et aux coquins qui l'ont exploité.

Δῆμος. — *Tibi est vestimentum, princeps esto noster.* — Tu as un habit, sois notre chef (Isaïe, chap. III, verset 6).

Et alors Macaire, Wormspire, Bertrand et Eloa se mettent à table chez Dêmos avec sa nombreuse famille; on sert un chaudron de soupe aux choux, les intrus se font la meilleure part et mangent tout le lard sans en donner à la famille.

— Et, dit Eloa, il n'y a pas de dessert?

BERTRAND. — J'ai vu de magnifiques pêches tout près d'ici, par-dessus un mur.

Δ μος. — C'est le jardin du seigneur.

MACAIRE. — Tu ne comprends pas, cher petit peuple, que nous sommes en République, et qu'il n'y a plus de seigneurs. Tout ce que possède le seigneur, il te l'a volé, il est temps qu'il te le restitue. Bertrand, franchis le mur, et fais restituer les pêches au peuple.

(*On mange les pêches. Macaire fouille partout, et trouve au fond d'un tiroir un tas de pièces de cent sous.*)

MACAIRE. — Qu'est-ce que c'est que ça?

Δῆμος. — Ça, c'est l'argent de ma redevance au propriétaire, il faut que je le lui porte demain.

MACAIRE. — De l'argent au propriétaire! C'est absurde.

WORMSPIRE. — C'est ridicule.

BERTRAND. — C'est cruche.

ELOA. — C'est immoral.

Δῆμος. — Mais si je ne lui porte pas son argent, que dira-t-il?

MACAIRE. — Il dira ce qu'il voudra.

Δημος. — Mais que lui répondrai-je?

ELOA. — Vous lui répondrez : Zut!

BERTRAND. — Ou bien : Va te fouiller!

MACAIRE. — Je prends cet argent que j'emploierai dans ton intérêt et pour ton bonheur, ô cher peuple!

Le soir dans un café.

WORMSPIRE. — Combien dans le magot?

MACAIRE. — Quatre cents bons portraits du tyran Philippe.

BERTRAND. — Partageons. — A chacun cent figures d'oppresseur.

ELOA. — D'abord il me faut une robe et un chapeau.

MACAIRE. — Ta robe est encore très bien, ô beauté souveraine. L'art n'est pas fait pour toi, tu n'en as pas besoin, voici quinze francs pour t'acheter des bottines.

WORMSPIRE. — Et moi?

MACAIRE. — Voici vingt francs pour ton tabac et tes petits verres. Quant à toi, Bertrand, cet habit que je t'avais prêté, je te le donne.

BERTRAND. — Filou!

WORMSPIRE. — Ta ligne politique n'est plus la nôtre.

ELOA. — Mes principes ne me permettent plus de marcher avec vous.

MACAIRE. — Eh bien, allez-vous-en, « vile multitude », je serai bien débarrassé.

(*Tous trois se battent, Macaire s'enfuit sans donner à Wormspire les vingt francs offerts, ni les quinze francs jurés à Eloa*).

Bertrand, Wormspire et Eloa vont chez Δῆμος.

WORMSPIRE. — Eh bien, cher Peuple, es-tu content d'être en République?

Δῆμος. — Mais non, je suis plus pauvre qu'auparavant; je n'ai pas payé mon loyer. Mon propriétaire, auquel, d'après votre conseil, j'ai dit : Fouillez-vous, s'est fâché et menace de me renvoyer. J'ai essayé de ne pas travailler, et nous commençons à la maison à manquer de beaucoup de choses.

BERTRAND. — Ton propriétaire est un pignouf que nous mettrons à la raison. Tu n'es pas encore parfaitement heureux, c'est vrai, et ça devait être comme ça, parce que tu n'es pas encore en vraie République. Macaire t'a trompé et nous a trompés, nous les vrais, les purs républicains.

WORMSPIRE. — Nous allons te donner la vraie République et alors le monde entier te portera envie. Écoute, Peuple, tu es grand, tu es fort, tu es magnanime.

BERTRAND. — Bravo!

WORMSPIRE. — Et cependant tu es malheureux, tu es pauvre, tu es esclave, parce que les rois, les marquis, les riches, les bourgeois, les patrons et Robert Macaire boivent ta sueur.

ELOA. — Très bien !

Δῆμος. — Ah! c'est pour ça? On me l'avait déjà dit.

WORMSPIRE. — Peuple, il dépend de toi d'être libre, heureux et riche, car tu es le maître, tu es le seul maître, le roi, le suprême souverain.

Δῆμος *salue.*

WORMSPIRE. — Confie-moi tes intérêts, ô mon cher petit Peuple, et tu seras tout ce que je t'ai dit; car moi je ne te donne pas cette fade et écœurante République qu'on appelle modérée, honnête et athénienne. Je te donne la République démocratique et sociale. Je te donnerai, ou plutôt je te ferai rendre l'argent des riches, car tout vient de toi, et ce qu'ils ont, ils te l'ont volé.

BERTRAND. — Indignement volé.

ELOA. — Honteusement filouté.

WORMSPIRE. — Louis Blanc vous promettait le droit au travail, le pauvre petit était bien peu avancé ; c'est le droit de ne pas travailler que je te donnerai.

Δῆμος. — A la bonne heure ! c'est parler, ça !

WORMSPIRE. — Tu vas donc être heureux, cher Peuple, je me charge de tout.

Δῆμος. — Merci.

WORMSPIRE. — Alors, donne-moi de l'argent.

Δῆμος. — Mais je n'en ai plus.

WORMSPIRE. — Alors vends une de tes deux vaches.

BERTRAND. — Tu en auras bientôt d'autres, tant et tant, que tu n'en sauras que faire.

On vend la vache. — Wormspire empoche l'argent. La femme de Δῆμος pleure. Δῆμος est inquiet, triste, grognon. Autrefois il buvait son bon cidre et une bouteille de vin le dimanche; il était gai, rieur, bon garçon. Avait-il quelque querelle, on échangeait deux coups de poing et on se raccommodait le verre à la main, en chantant de joyeuses chansons.

Aujourd'hui il boit de l'eau-de-vie et de l'absinthe, il est irritable, morose, querelleur, il arrive vite aux coups de couteau, et hurle des chants de haine et de menaces.

Wormspire ne tarde pas à vouloir vendre l'autre vache.

Δῆμος hésite; la femme résiste.

MACAIRE, *qui a laissé croître sa barbe.* — Hé! Bertrand.

BERTRAND. — Tu oses reparaître après ce que tu as fait?

MACAIRE. — Je te pardonne, j'ai tout oublié.

Bertrand lui presse les mains et avec effusion : Merci.

MACAIRE. — Je reviens comme Freycinet, auquel la France a dû la moitié de ses pertes, en territoire, en hommes et en argent. Je reviens comme Ollivier auquel on doit la première moitié. Je reviens comme va bientôt revenir Ferry, qui a fait la guerre du Tonkin, à laquelle Freycinet a eu sa part, Δῆμος n'a pas de mémoire. Comment t'arranges-tu avec Wormspire ?

BERTRAND. — Mal, il a fait vendre une vache, a empoché l'argent et ne m'a rien donné. Il faut bien, m'a-t-il dit, donner une robe neuve à Eloa.

MACAIRE. — Alors, tu vas m'aider à le mettre à bas ? Justement, voici Δῆμος.

» Eh bien, cher Peuple, es-tu content ?

Δῆμος. — Non. Il veut vendre la seconde vache et ma femme ne veut pas. Sur les conseils de madame Eloa, notre fille est allée se faire servante à Paris. On dit qu'elle y gagne beaucoup d'argent et qu'elle a des robes de soie comme madame Eloa, et pourtant ça fait pleurer ma femme. Nous ne la voyons plus, et ma pauvre femme s'esquinte à faire tout l'ouvrage.

» L'aînée de mes fils est allé aussi à Paris se faire ouvrier.

MACAIRE. — Ouvrier... en quoi ?

Δῆμος. — Ouvrier sans ouvrage. Wormspire dit que c'est très bon et que ça mène à tout. Il dit que M. Nadaud, qui est sénateur ou député, a été maçon ; que M. Tolain qui est sénateur, a été ciseleur en bronze ; que, dernièrement, un des plus grands ministres avait été vidangeur.

» Mais avec les deux fils qui me restent nous ne pouvons plus cultiver qu'une partie de la terre : le reste est en friche.

MACAIRE. — La terre? Qu'est-ce que c'est que ça? Nous allons mettre ordre à tout.

Δῆμος. — Mais il me semble que je vous ai déjà vu quelque part!

MACAIRE. — Peut-être bien. Mais il y a si longtemps! j'étais si jeune! C'était du temps de cette bêtise de la République honnête; et puis ça n'était peut-être pas moi.

» Flanquons Wormspire à la porte, c'est un aristo, un réactionnaire, un clérical, un filou, un exploiteur du peuple. O grand Peuple! ô noble Peuple! ô mon roi, tu vas enfin être riche et heureux. »

Macaire persuade à Δῆμος et à ses fils d'attaquer le château, pour reprendre ce qui leur appartient; ils y mettent le feu; les gendarmes arrivent, on tire sur les gendarmes; ils ripostent; un des fils est tué, l'autre est mis en prison.

Macaire et Bernard, qui se sont tenus à l'abri pendant la bataille, font de splendides funérailles au mort, et pour y subvenir, on vend la seconde vache et le cheval.

La terre reste tout à fait en friche; Δῆμος et sa femme mangent l'herbe des champs et gémissent jour et nuit.

C'est la République à sa plus haute expression; la vraie, la sainte.

On croit que Δῆμος, poussé à bout, exaspéré, va chasser Macaire; mais ce sera pour prendre Bertrand, auquel succédra Wormspire, qui sera remplacé par Macaire; après Macaire, Bertrand; puis Wormspire, et toujours comme cela.

A moins que Dieu, enfin apaisé, ne se remette énergiquement à protéger la France.

UNE BONNE NOUVELLE

Je viens de lire une nouvelle intéressante dans un des journaux qui se font les « Moniteurs officiels de la mode », qui se chargent d'apprendre à l'Europe, au monde entier, quelles révolutions, quelles modifications ont édictées cette semaine les couturiers et les couturières de Paris; si on aura ou n'aura pas de front, si les femmes auront un plus gros derrière que la semaine précédente, si elles auront les pieds ronds, carrés ou pointus; ce qu'elles doivent jusqu'à nouvel ordre cacher, montrer ou exagérer de leur corps; si elles seront blondes, brunes ou rousses, etc., et ces ukases sont obéis avec empressement, car, même dans ces accès d'anglomanie qui sévissent de temps à autre après un certain intervalle, c'est de Paris que doit partir l'ordre de s'habiller à l'anglaise. La nouvelle en question, c'est que, en ce moment, les femmes se remettent à apprendre à faire la « révérence » ; cela n'a l'air de rien au premier abord, et risquerait de passer inaperçu si je ne m'imposais le devoir d'en dire les conséquences.

La révérence en elle-même est d'un médiocre intérêt, quoiqu'elle eut, il y a cent ans, une grande importance : c'était la principale fonction des « maîtres à danser » d'enseigner aux jeunes filles et aux jeunes femmes à faire la « révérence » avec grâce et noblesse. Lorsqu'une jeune femme sous Louis XIV, Louis XV et Louis XVI devait être « présentée », on appelait le plus célèbre danseur de l'Opéra ; c'était alors Gardel, dit dans ses mémoires une femme qui fut présentée à la cour de Louis XV :

« Le jour même de la présentation, on fit une répétition « des révérences » ; madame d'Estrées et madame de Puysieux me firent coiffer et décoiffer trois fois, et me mirent beaucoup de rouge et des mouches ; elles furent assez contentes des « révé-» rences », mais madame de Puysieux me défendit de repousser en arrière avec le pied, ainsi qu'on me l'avait enseigné mon long bas de robe, lorsque je me retirais à reculons, en disant que « cela était » théâtral ». Je lui représentai que si je ne repoussais pas cette longue queue, je m'entortillerais les pieds dedans et que je tomberais ; elle répéta d'un ton impérieux et sec que « cela était théâtral ». Je ne répliquai rien.

» Pendant que ces dames s'habillaient, je m'ôtai un peu de rouge, madame de Puysieux s'en aperçut au moment de partir et me dit : — Votre rouge est tombé, mais je vais vous en remettre ; et elle tira de sa poche une boîte à mouches et me remit plus de rouge que je n'en avais enlevé. »

Je ne tiens pas précisément au rouge ni aux mouches, ce tatouage de sauvages, mais j'aime davantage la révérence, qui, bien faite, réunit la grâce à la majesté. Mais ce que j'aime surtout, c'est que les femmes soient le plus femmes possible et n'empruntent à notre sexe ni vêtements, ni manières, ni langage : une femme n'est jamais trop femme, et peu de femmes aujourd'hui le sont assez.

Cette mode anglaise de prendre et de secouer brusquement la main des hommes, me choque surtout en ce qu'elle est commune aux deux sexes, dont toutes les civilisations intelligentes se sont efforcées d'augmenter les différences.

Un vieux poète a dit en parlant des fleurs et des bienfaits de la Providence :

> A l'homme, en le créant, elle devait le bled.
> Les fleurs sont, de sa part, une galanterie.

Il en est de même de la femme ; le « fabricateur

souverain », comme dit La Fontaine, se contenta de donner à l'homme sa femelle, comme aux autres animaux. C'est à l'homme, c'est à l'amour, qu'il confia le soin de faire la femme.

La femme, semblable à l'homme, sauf en ce que peut cacher une feuille de vigne, ne paraîtrait aimable et ne serait recherchée qu'au moment du printemps, lorsque les oiseaux font leur nid, lorsque les insectes se cherchent en bourdonnant et en volant.

La timidité, la pudeur, les résistances, les longs habits ont heureusement revêtu son corps de mystère, et ont fait deviner, rêver sa beauté en la cachant, et laissé à l'imagination le soin d'augmenter, de poétiser ses charmes.

Tout ce que, sous l'empire de modes plus bêtes qu'indécentes, la femme montre de son corps, elle le perd. Les Grecs, ces grands maîtres des arts et de la poésie, le savaient bien.

Lycurgue, voulant supprimer l'amour de son énergique et rude république, fit paraître et combattre les filles nues avec les garçons. A Sparte, on devait s'apercevoir une fois par an que les femmes étaient belles, vers le mois de mai.

Les Athéniens, au contraire, ayant été décidés à réprimer la plus hideuse, la plus monstrueuse, la plus sale des débauches, s'occupèrent d'augmenter les attraits des femmes, et, à cet effet, leur imposèrent de longues robes traînantes avec de larges plis.

Les mœurs, les civilisations ont toujours accru les différences entre les deux sexes; aux femmes les riches étoffes, les couleurs éclatantes, l'or, les pierreries.

Je hais l'homme porteur de bijoux. Un homme ne doit avoir un bijou que jusqu'à ce qu'une femme ait regardé ce bijou et en ait envie.

Aux femmes les longues chevelures, les coiffures savantes, j'ajouterai même à l'appui, le rouge, les fards, les mouches que je n'aime pas, mais qui différencient la femme de l'homme.

Une secte de femmes, les unes folles, les autres désireuses d'attirer l'attention et espérant faire une amorce de leur extravagance, s'évertue à demander l'égalité entre les deux sexes; en général, elles ne s'avisent de réclamer l'égalité que lorsque l'âge les oblige à renoncer à la supériorité que leur beauté et leur jeunesse leur avaient assurée pour un temps. Si vous étudiez la classe bourgeoise d'où sortent ces prêcheuses, vous vous convaincrez facilement que ce sont les hommes qui seraient fondés à réclamer cette égalité, car, dans cette classe, les femmes et les hommes ne sont pas de la même classe : les hommes travaillent, les femmes s'habillent, babillent et se déshabillent, et cætera, avec toutes les suites du désœuvrement.

Les sottes, qui réclament à grands cris cette prétendue égalité, confondent deux choses très différentes: elles ne veulent pas être égales, mais semblables, ce qui serait la plus sûre et la plus déplorable misère de leur sexe.

Platon pensait que l'être humain avait d'abord été créé androgyne, c'est-à-dire ayant les deux sexes : on s'aimait sans sortir de sa peau, on vivait, on mourait ensemble. Plus tard, soit que la Providence y ait vu des inconvénients, soit que sa créature ait sollicité un changement, soit qu'elle ait démérité d'un sort aussi heureux, chaque être fut coupé en deux, et chaque moitié dut passer sa vie à rechercher la moitié dont elle avait été séparée.

De là, des essais souvent malheureux; des moitiés trop impatientes qui croyaient s'adapter exactement et ne coïncidaient pas ; ce qui amenait des séparations, des déchirements et des recherches, des tentatives, des essais nouveaux, auxquels parfois on pouvait prendre un certain goût plus ou moins passager.

Depuis ce temps, ces deux parties, ces deux moitiés se cherchent et ont raison de se chercher, car un « bon ménage » est le plus grand bonheur permis à l'homme et à la femme. J'entends par un bon ménage une profonde, sincère, inaltérable amitié, fruit délicieux dont l'amour a été la fleur, la restauration de l'homme-femme, de l'androgyne de Platon, une amitié encore ornée et parfumée par des bouffées d'amour.

Pour arriver à cette heureuse restauration, à l'application, à l'emboîtement des deux motiés, il faut qu'aucune ne s'altère; ces deux parties doivent se réunir en s'appliquant exactement l'une contre l'autre. Ce doit être un *assemblage à tenons et à mortaises,* comme disent les charpentiers. Chaque *tenon* d'un des deux êtres doit trouver en face de lui la *mortaise* correspondante. Le corps, l'esprit, l'âme, le cœur de l'homme doivent être à *tenons,* comme le corps, l'esprit, l'âme de la femme doivent être à *mortaises;* tout doit être féminin dans la femme; je veux reconnaître un ongle, un cheveu de femme au milieu de dix ongles et de cent cheveux d'homme.

La femme qui veut remplacer les *mortaises* par des *tenons* plus ou moins artificiels, ne peut plus présenter que des chances peu solides, peu heureuses d'application et d'assemblage.

Les vrais hommes et les vraies femmes le savent bien. Le vrai homme veut une vraie femme, la vraie femme exige un vrai homme.

J'aurais mauvaise opinion d'un homme qui sérieusement aimerait une virago, une *hommesse.* Je ne comprendrais à la rigueur cette aberration, que comme fantaisie, et cette fantaisie consistera à la prendre malgré elle, à la battre, à la vaincre, à la dompter.

Quant aux jolis petits messieurs minces, roses, frisés, gentils, mignons, ça ne peut se pardonner qu'aux très jeunes filles qui, par une peur instinctive de l'homme, peur qui doit conserver plus tard sa place dans l'amour, n'osent encore pour quelque temps aimer que le moins d'homme possible, quelqu'un ou quelque chose tenant d'elles-mêmes, de leur compagne ou de leur poupée.

Les apôtres de l'émancipation de la femme et d'une prétendue égalité entre les deux sexes conondent sottement égalité et identité. La femme est tout naturellement l'égale de l'homme, à condition que l'homme et la femme restent dans leurs fonctions spéciales.

La femme n'est pas l'égale de l'homme si elle veut faire l'homme, de même que l'homme ne serait pas l'égal de la femme s'il voulait coudre, repriser, tricoter, faire la cuisine et allaiter les enfants.

Le rubis est l'égal de l'émeraude; si le rubis se contente d'être rouge et d'un aussi beau rouge qu'est beau le vert de l'émeraude, et s'il ne dit pas : Je veux être vert comme elle et du même vert.

Cette confusion des sexes est non seulement un hideux spectacle, mais un signe de décadence sociale.

Le retour de la révérence pour les femmes supprimera la « poignée de main », qui me déplaît particulièrement. Grâce à cette poignée de main, qu'est devenue la charmante, l'enivrante émotion de la première pression de la main d'une femme aimée? Qu'est devenu ce respect pour les jeunes filles, que jusqu'au jour de leur mariage aucun homme n'avait jamais touchée, dont on évitait d'effleurer la robe?

Par la révérence de la femme, si l'homme salue en avançant, la femme salue en reculant.

Peut-être, une fois sur cette ligne de réserve, reviendra-t-on à ne plus permettre aux jeunes filles de valser.

C'est déjà beaucoup de le permettre aux femmes, mais cela regarde les maris, et personne n'a rien à y voir, tandis que la jeune fille doit être conservée intacte aux exigences et aux délicatesses d'un inconnu qui peut avoir des idées différentes et des susceptibilités faciles à comprendre.

Peut-être abandonnera-t-on avec les répugnants costumes demi-masculins qui ne plaisent qu'aux libertins usés, les exercices virils dont beaucoup de femmes se piquent aujourd'hui, le fusil et le fleuret; peut-être cessera-t-on d'entendre dire par les femmes : Je suis *un* honnête homme, *un* bon camarade, avec un petit air satisfait d'elles-mêmes et aux applaudissements des nigauds.

Peut-être la femme, redevenant femme, pensera-t-elle à relever un édifice tout à fait démodé, la *maison*, son royaume, son temple. Hors de chez elle dans un salon, une femme ne peut prétendre à plus qu'à être une fleur dans un bouquet; la femme, chez elle, est le bouquet tout entier.

Il est à remarquer que jamais on n'a dépensé autant d'argent qu'aujourd'hui pour le luxe de la maison, et jamais en même temps, on n'y a aussi peu séjourné.

La femme restant chez elle, *domum servans*, ne sera plus excitée, irritée, humiliée par le luxe des filles publiques, dont à l'aide de dénominations variées, on a fait à tort plusieurs classes, tandis qu'en réalité il ne doit y en avoir, il n'y en a qu'une seule, de même qu'il n'y a qu'une classe de « chalets de nécessité ».

Ne rencontrant plus ces femmes Rambuteau aux théâtres et dans tous les lieux de plaisirs payés, elles renonceront à lutter avec elles de toilettes tapageuses et de luxe de mauvais goût.

Les femmes redevenues femmes et rentrées dans la maison donneront aux hommes des idées aujourd'hui fort abandonnées de mariage, de vie intérieure et intime. Les hommes ne seront plus obligés d'exiger de si grosses dots, de se faire payer si cher pour épouser de belles jeunes filles dont ils se disent amoureux, et ils n'attendront pas à être usés et *décatis* pour « faire une fin ».

Alors on pourra faire une comparaison entre les

« femmes » et les « filles », comparaison difficile à faire aujourd'hui que les « femmes » s'efforcent de lutter avec les « filles » et à armes inégales; car la femme dite « honnête » ne peut guère ruiner qu'un mari et un amant, tandis que les filles ruinent le public, prétention qui fait de beaucoup de femmes « honnêtes » des filles inférieures et mal réussies, ce qui explique la préférence donnée par tant d'hommes aux filles sur leurs rivales vaincues.

Je m'arrête ici, un peu effrayé d'avoir vu dans une révérence plus de choses peut-être encore que « l'illustre » danseur Marcel prétendait en voir dans un menuet.

MENSONGE

Voilà encore une fois qu'on vient de célébrer à grands frais et à grand tapage l'anniversaire de la « prise de la Bastille », sous le nom de « fête nationale ».

Voilà encore une fois qu'on fait résonner les gros mots — de « grande épopée » — « victoire du peuple » — « héroïsme du même », — « défaite de la tyranie, » etc., etc.

Eh bien, je ne me lasserai pas de répéter la vérité sur cette légende menteuse. Ce que je vais faire encore une fois.

On serait bien simple, dit un ancien, d'étudier l'histoire avec l'espérance d'y découvrir ce qui s'est passé.

On y apprend seulement ce qu'on croyait ou désirait croire, sans le croire soi-même; ce que voulaient faire croire tels ou tels historiens; on y trouve non l'histoire des faits, mais l'histoire des opinions professées ou acceptées par les hommes; à peu près toutes les histoires sont pleines de fables et de contradictions. Hérodote, qu'on appelle le père de l'histoire, a aussi été appelé par Plutarque et par Cicéron « le père du mensonge », et tandis que Littré s'essouffle à trouver l'étymologie du verbe *radoter* dans « des racines hollandaises », j'émets l'idée qu'il vient du nom de cet historien, et qu'on a dit d'abord hérodoter et ensuite radoter. Procope, dans son histoire, donne des louanges emphatiques à l'empereur Justinien et à l'impératrice Théodora, sa femme, et dans ses anecdotes il les déchire avec fureur.

On accommode l'histoire, dit Bayle, comme les viandes dans une cuisine; chaque nation, chaque historien la fricote à sa manière, de sorte que les mêmes faits sont servis comme ragoûts différents.

Pour être historien tout à fait digne de foi, il faudrait n'être d'aucune religion, d'aucun pays, d'aucune profession, d'aucun parti, d'aucune coterie, c'est-à-dire n'être pas homme.

Et comme cela n'est guère possible, il est souvent prudent de n'ajouter pas beaucoup plus de confiance au récit des choses passées qu'aux prédictions des choses futures.

Lorsqu'on a beaucoup vécu, beaucoup vu, beaucoup lu, on préfère les romanciers aux historiens, parce qu'on a en soi, dans son cœur, dans son esprit, dans sa mémoire, une critique, un contrôle qui permettent de juger de la véracité de l'auteur.

On ne saurait trop admirer l'outrecuidance de certains historiens et de certaines histoires.

Diodore de Sicile raconte que, dans une bataille entre les Arcadiens et les Lacédémoniens, il y eut dix mille Arcadiens tués sans qu'il mourût un seul Lacédémonien. Appien dit que dans la victoire que le consul Fabius Maximus remporta sur les Allobroges et sur les Arvergnes, les Romains perdirent quinze hommes, et du côté des Gaulois on compta cent vingt mille morts et quatre-vingt mille prisonniers. Plutarque raconte, d'après l'affirmation de Sylla, qu'à la bataille de Chéronée, les Romains tuèrent cent dix mille hommes des soldats de Mithridate, et qu'on crut d'abord avoir perdu quatorze soldats romains, mais qu'il en revint deux.

En 891, l'empereur Arnould, petit-fils de Louis le Germain, remporta sur les Normands une victoire si complète que, de cent mille Normands, aucun ne se sauva, et que, du côté de l'empereur, il n'y eut pas un seul homme tué.

Ces histoires et ces historiens nous étonnent, nous scandalisent moins lorsque historiens et histoires sont à un, deux ou trois siècles de nous.

Mais ce qui est plus hardi, c'est de voir tous les

jours, grâce aux journaux et à ceux qui y prennent chaque matin leur provision d'opinions de la journée, un fait qui s'est passé hier publiquement, sous les yeux de deux millions de personnes, être présenté en sens contraire et travesti de dix façons différentes, dont aucune parfois n'est la vérité.

Napoléon vint. Lorsque le despotisme, comme il arrive toujours, sortit de l'anarchie comme de sa racine naturelle, on était aussi écœuré, aussi dégoûté en France de la phraséologie emphatique, creuse, enflée, des scélérats et des insensés de la Révolution que de leurs crimes enjolivés du clinquant et des oripeaux qui passaient alors pour de l'éloquence et même du patriotisme; ceux des orateurs qui réussirent à avoir leur part des largesses du nouveau maître usèrent, par la plus basse flatterie à l'égard de l'empereur, du reste de la rhétorique boursoufflée qui leur avait fourni les injures, les mensonges, les invectives contre la monarchie du meilleur des hommes et du plus doux des rois; mais, à peine le colosse renversé, on s'aperçut du ridicule de ces thuriféraires, et sous la Restauration on se remit à parler à peu près français.

Cependant, ceux des austères républicains qui n'avaient pu se faire accepter par l'empire, et ceux qui, ayant été acceptés par l'empire, essayèrent en vain, en retournant leur casaque, de se faire accepter par la royauté — formèrent un parti auquel s'adjoignirent ceux des bonapartistes trop compromis, et quelques-uns honnêtement fidèles au culte de leur demi-dieu; c'est ce parti, formé d'éléments si hétérogènes, qui renversa la Restauration avec l'aide des ultras de la monarchie, aide puissante, indispensable, sans laquelle le succès n'eût pas été possible.

Quelques journalistes, quelques pamphlétaires, se déclarèrent historiens, essayant de développer, dans les hauteurs de l'espace où doit planer l'histoire, leurs étroites et petites ailes de chauves-souris, et s'efforcèrent d'atténuer l'horreur qu'inspiraient encore les crimes trop récents de la Convention et de la Terreur. Les premiers essayèrent d'expliquer ces crimes par « de terribles nécessités politiques »; ceux qui vinrent après eux allèrent plus loin; ces crimes, il les excusèrent, ils attribuèrent une certaine grandeur à la monstruosité même des forfaits; ils firent des espèces de héros des insensés, des coquins, des scélérats; ils agirent à leur égard comme fait un poète épique ou dramatique, qui, ayant choisi ses personnages, leur assigne des caractères tout d'une pièce, et les fait agir et parler à sa guise.

Il devint à la mode d'abord d'être libéral, puis tout doucement d'être républicain, et c'était à qui enchérirait sur la réhabilitation des néfastes héros de 1792 et 1793.

Une génération d'écrivains étiolés, anémiques,

crurent avoir l'air d'hommes forts en feignant d'admirer Robespierre et Danton ; ceux qui vinrent après auraient passé inaperçus s'ils n'avaient poussé plus loin : ils firent l'éloge de Collot-d'Herbois, de Saint-Just, de Couthon ; leurs successeurs arrivèrent à afficher une certaine admiration mêlée de tendresse pour Marat, pour Carrier, pour Hébert le « père Duchesne », et essayèrent d'imiter ce dernier sans en avoir même le tempérament. On retrouverait facilement cette marche graduée en lisant les diverses histoires de la Révolution qui ont été écrites sous la Restauration et sous le gouvernement de Juillet, depuis M. Thiers, le petit Blanc, Michelet, etc., jusqu'à ce sinistre gamin d'Esquiros qui, après avoir sans succès imité les pastorales de Fabre d'Eglantine, voulut suivre son modèle à la Convention et fit l'éloge le plus tendre de la guillotine permanente, des mitraillades de Lyon et des noyades de Nantes ; par suite de quoi, sous la petite terreur de 1871, il fut nommé préfet de Marseille, où on n'a pas oublié ses gamineries, sa suffisance et son insuffisance de voyou parisien. Notez qu'il a aujourd'hui sa place dans le calendrier des saints de la République, et que des jobards vont à certains jours porter des couronnes sur sa tombe.

Sous le gouvernement de Juillet, on ne ruina pas les communes de France par la construction de palais pour les écoles laïques, écoles surtout d'irréligion, d'immoralité, d'idées fausses, de doctrines dangereuses ; mais cependant sous ce gouvernement le nombre des écoles de garçons et de filles fut plus que doublé, et les bienfaits de l'instruction se répandirent non plus sur un million d'enfants comme en 1830, mais sur 3 669 600 enfants sur 115 000 adultes et un plus grand nombre de soldats ; car près de sept mille cours spéciaux avaient été créés pour les adultes, en même temps que le nombre des salles d'asile était décuplé. Mais le gouvernement de Juillet n'avait pas songé peut-être que, enseignant à lire à toute une génération nouvelle, il fallait lui préparer des lectures saines et fortifiantes, et écarter d'elle les lectures empoisonnées, enivrantes, stupéfiantes : un lait pur aux enfants, et non de l'eau-de-vie et de l'absinthe. Il fallait exiger des garanties sérieuses des écrivains, comme on les exige des apothicaires dépositaires des poisons. J'en avais, pour ma petite part, souvent causé avec le comte de Salvandy, et il était question de faire pour les écoles une histoire de France vraie, sincère, en dehors et au-dessus de l'esprit de parti et de coterie. J'en avais causé une fois avec le duc d'Orléans, père du comte de Paris ; le temps manqua.

Faute de ce soin, la génération à laquelle on a appris à lire ne trouve guère pour aliments, à cette faim de savoir, que son instruction a nécessairement provoquée, que des mensonges, des sottises, de grossières et absurdes théories, des déclamations ampoulées, des doctrines bêtes à la fois et criminelles.

C'est à cela qu'on doit l'audace de faire une « fête nationale » de la journée néfaste du 14 juillet 1789.

Nous allons citer quelques passages sur ce sujet empruntés à un gros pamphlet rouge, le *Dictionnaire Larousse*. Remarquons que ce récit, écrit en style apocalyptique, mélange écœurant de pathos et de patois, est relativement modéré, et nous en ferons ressortir quelques instructions :

« L'aube du 14 se leva lumineuse et sereine pour éclairer *le plus grand événement des temps modernes.*

» *La ville est cernée par des campements barbares et menacée de famine et d'extermination. Le peuple se lève. Il faut vaincre. Une lumière s'est faite, un seul cri : A la Bastille!* »

Le peuple se souciait peu de la Bastille. Voici ce qu'en disait, peu avant « l'aube du 14 », Mercier, écrivain, alors républicain :

« Le peuple craint plus le Châtelet que la Bastille, il ne redoute pas cette prison qui lui est étrangère, parce qu'il n'a aucune des facultés qui en ouvrent les portes... Il ne plaint guère *ceux qui y sont détenus, et le plus souvent il ignore leurs noms.* »

Et, en effet, il ne manquait pas de prisons où il

avait et pouvait avoir des parents, des amis, des voisins, des semblables, où il avait été ou pouvait être enfermé lui-même :

Le grand et le petit Châtelet, Saint-Lazare, Bicêtre, l'Abbaye, la Conciergerie, Sainte-Pélagie, les Madelonettes, le Dépôt de la préfecture de police, la Force ;

Tandis qu'à la Bastille on ne mettait guère que ceux que le pays ne voyait qu'avec envie, les puissants par le nom, par les titres, par la fortune, des princes, des ducs, des riches : ça lui était égal et ça lui procurait peut-être même un peu de plaisir.

A propos de la Force et de Mercier, citons quelques lignes encore de son *Tableau de Paris*, écrites peu de temps avant celui où un tribunal condamna à mort le tyran Louis XVI et où Mercier fut jugé faible, presque traité de faux patriote par les uns, et imprudent par ses amis, pour n'avoir voté que la prison et le bannissement :

« Louis XVI (qu'il en soit béni !), jetant un regard paternel sur ces lieux d'horreur et de misère, a accordé aux prisonniers les commodités qui pouvaient alléger leur état et leur ôter le sentiment du désespoir. La question a été abolie, Louis XVI a donné plusieurs édits bienfaisants de cette espèce, il ne faudrait pas d'autres trophées à l'entour de sa statue. Oh ! qu'il est beau de voir un homme enchâssé dans un roi » (*Tableau de Paris*).

Le pamphlet rouge à propos de la Bastille et de l'indifférence qu'elle inspirait si naturellement au peuple pousse au delà des limites connues la hardiesse de la mauvaise foi et de l'absurdité :

« Les petits esprits et les sceptiques, dit Larousse, ont demandé qu'importait la Bastille au peuple. Il n'avait aucune chance d'y entrer. » C'était une prison patricienne, dit le grand esprit Larousse. Mais, ajoute-t-il, c'est là précisément ce qui fait la grandeur de ce mouvement. Ce qui fait explosion dans le cœur du peuple, c'est la voix de l'humanité, *le cri de la miséricorde.*

Il y avait une autre raison de ne pas prendre la Bastille, c'est que la Bastille n'existait plus. On voit par une lettre de Louis XVI à Malesherbes, du 17 *avril* 1776, que les lettres de cachet étaient supprimées, qu'on avait fait sortir de la Bastille tous les prisonniers injustement ou trop sévèrement punis. Il y avait donc alors *treize ans* que la Bastille, considérée comme « citadelle de la tyrannie et de l'absolutisme », alimentée par les lettres de cachet avait cessé d'être ; et en effet, on ne trouva dans la prison que cinq détenus, un fou et quatre scélérats.

Voyons un peu ce que c'était *que la ville cernée par des campements barbares et menacée de famine et d'extermination.*

Louis XVI s'était bien des fois expliqué nettement

sur ce sujet. Je citerai seulement une lettre du 5 octobre 1789, au comte d'Estaing :

« Vous voulez, mon cousin, que je prenne un parti violent, que j'emploie une légitime défense... Me défendre!... Il faudrait verser le sang des Français ; mon cœur ne peut se familiariser avec cette affreuse idée... Point d'agression, point de mouvement qui puisse laisser croire que je songe à me venger, même à me défendre.

» LOUIS. »

Et, le jour de la « prise de la Bastille », écoutez le baron de Besenval, colonel des Suisses :
(Mémoires, tome 3, page 410 et suiv.)

« L'insurrection du 12 prit un caractère alarmant ; on rencontrait dans les rues des hommes dont l'aspect effrayant annonçait la soif de pillage et de sang. Dans la crainte que nos postes de cavalerie, destinés à maintenir la tranquillité, provoqués à un certain point, ne s'écartassent de la consigne expresse qui leur avait été donnée de ne pas charger, je les fis se porter à la place Louis XV, où était déjà un fort détachement des gardes suisses ; les hussards de Bérahing, les dragons de M. de Choiseul et le régiment de Salis s'y rendirent aussi.

» Ces troupes, en se rendant au poste assigné, furent assaillies de propos injurieux, de coups de pierres, de coups de pistolets, plusieurs hommes furent blessés grièvement sans qu'il échappât même un geste menaçant aux soldats; tout fut respecté, l'ordre du roi étant de ne pas répandre une seule goutte du sang des citoyens.

» Reconnaît-on à cette conduite, ajoute le baron de Besenval, ce complot contre Paris avec lequel on a renversé les têtes de ses habitants. Ceux qui le persuadaient à la multitude n'y croyaient pas eux-mêmes. »

« Les assiégeants de la Bastille, pendant ce combat qui allait faire éclore une France et une humanité nouvelles (textuel), dit le soi-disant historien, c'est l'élite du peuple, la fleur de la cité... » Et il cite les noms d'un certain nombre, « parmi ces milliers de héros ».

Entre autres : « le magnanime Hullin, Santerre Maillard, Fournier l'Américain, etc... « Élie, le brillant officier du régiment de la reine, les sergents des gardes françaises et leur détachement enseignant au peuple le maniement des armes et pointant les canons... », etc.

Le magnanime Hulin, ce grand républicain, fut des premiers plus tard à s'incliner devant Bonaparte, des premiers et des plus dévoués, car c'est lui qui présidait le pseudo-tribunal qui mit à mort le duc d'Enghien dans les fossés de Vincennes; le magnanime Hulin fut fait comte de l'empire.

Santerre, le maître du cabaret de la *Rose Rouge*, qui, lors de l'exécution de Louis XVI fit couvrir sa voix par un roulement de tambours, qui se fit exempter de près de 50 000 francs qu'il devait au fisc, et, le 16 messidor an VIII, implorait la protection de Bonaparte dans une lettre platement louangeuse.

Fournier, l'Américain, déclaré même par ses complices assassin et voleur. Maillard qui, avec sa troupe présida à l'égorgement des prisons, etc, etc.; le brillant officier Élie, les sergents et les détachements des gardes françaises, lâches, traîtres, mauvais soldats et mauvais Français.

Cette élite du peuple, cette fleur de la cité, cette armée de héros, après avoir promis la vie sauve à la garnison qui alors ouvrit les portes, se livra au massacre : la tête du gouverneur de Launay fut portée sur une pique ; MM. Delosne et Flesselles furent pendus à une lanterne, ainsi que plusieurs invalides.

A propos du magnanime Hulin et de Santerre, qui se firent les courtisans de Bonaparte, il est intéressant de lire ces quelques lignes de statistique :

Des conventionnels qui votèrent l'assassinat de Louis XVI à la majorité d'une voix, comme on a aujourd'hui voté la République, deux ont été ministres de Napoléon Ier, quatre sont devenus sénateurs, douze ont siégé au Tribunat et au Corps législatif, deux au conseil d'État, trois au conseil des prises, sept à la cour de cassation, dix dans les cours d'appel, douze dans les tribunaux de première instance, cinq ont été procureurs impériaux, dix préfets, trois sous-préfets, cinq receveurs généraux, un a été receveur particulier, trente ont occupé des emplois dans l'administration des finances, à l'intérieur et dans la police ; trois ont été employés dans les consulats, quatre ont servi comme généraux sous l'empire, un comme colonel de gendarmerie, deux comme sous-inspecteurs aux revues ; deux ont été conseillers d'État du roi de Naples Murat, trois ont sollicité et accepté l'emploi subalterne de messagers d'État près le Corps législatif : plus du tiers de ces ennemis acharnés, irréconciliables, féroces, inexorables de la royauté.

Ces soi-disant républicains, qui ne pouvaient supporter l'existence de la Bastille, ne tardèrent pas à remplir Paris de prisons, celles qui existaient auparavant ne leur suffirent plus.

On y ajouta les Bernadins, les Carmes, Saint-Firmin ; de plus, on confisqua, on saccagea, on pilla les maisons des nobles et des riches, qu'on érigea en prisons, où les anciens propriétaires furent détenus dans les caves.

Puis, comme toutes ces prisons regorgeaient, Danton derrière le rideau lance Maillard et sa bande, une notable partie de « l'élite du peuple, du cœur de la cité ».

Tous les prisonniers furent massacrés. C'est alors que pour la première fois paraît le nom de « travailleurs », donné aux massacreurs qui reçurent douze francs chacun. Damiens, un travailleur, un des « membres de l'élite » ouvre le flanc de l'officier de Laleu, plonge les mains dans la blessure, arrache le cœur, le porte à sa bouche en criant : «Vive la nation ! »

Toutes ces atrocités furent expliquées, approuvées, glorifiées par certains orateurs de la Législative et de la Convention. A propos de la Convention, l'abbé Grégoire, qui évêquaillait à l'Assemblée avec Gobel, avec l'abbé Faucher et l'abbé Massien, et reprit son indépendance lorsque Napoléon fut abattu pour voter la déchéance, l'abbé Grégoire, le grand républicain qui devint sous l'empire comte et sénateur, l'abbé Grégoire auquel on vient d'élever une statue, disait : « Il y a à la Convention trois cents individus qu'il fallait bien n'appeler que des scélérats, puisque la langue française n'offre pas d'épithète plus énergique. »

C'est cette Convention que des soi-disant historiens et hommes forts de notre temps ont prétendu réhabiliter, et hier encore je lisais dans un journal, à propos de certaines sévérités bien légitimes appliquées à des personnages de 92 et de 93 : « Nous jugeons mal cette époque, parce que nous nous enfermons dans des catégories étroites d'opinions. »

C'est la prise de la Bastille et les massacres qui en furent la suite qui mirent en rut de pillage et en soif de sang une populace que les intrigants appellent le peuple tant qu'elle travaille pour eux, et à laquelle ils restituent le nom de populace et de vile multitude quand le coup est fait à leur profit et qu'elle réclame une partie des promesses qu'on lui a faites.

Non, la prise de la Bastille n'est pas un acte héroïque dont la nation doive être fière et dont on doive célébrer l'anniversaire. La prise de la Bastille est un acte néfaste, insensé, criminel, atroce, dont la mémoire doit être exécrée. Célébrer la prise de la Bastille, c'est inviter la populace à renouveler les atrocités du 14 juillet 1789. Passer ce jour-là une revue de l'armée de Paris, comme on vient de le faire, c'est proposer à l'armée l'exemple des gardes françaises et du « brillant officier du régiment de la reine, Élie, » qui ont ce jour-là commis le plus grand des crimes que puissent commettre des soldats. Et, chaque fois qu'on voudra célébrer ce lugubre anniversaire comme fête nationale, je crierai : « C'est un mensonge audacieux, bête et destructeur de toute société. Je maintiens idiot de célébrer tous les ans, à grands frais, sous le nom de fête nationale, une orgie qu'il serait de l'honneur de la France de faire oublier. »

P.S. — Le hasard me fait tomber sur une appréciation au sujet du suffrage universel — qui vient à propos à l'approche des élections. Il s'agissait de l'appel au peuple refusé à Louis XVI. « Voter l'appel au peuple, dit Marat, ce serait arracher le marchand, l'artiste, l'artisan, le laboureur à son état pour en faire des législateurs. Ce serait renverser l'ordre des choses, bouleverser l'État. Ce serait métamorphoser en hommes d'État des artisans, des laboureurs. Cette mesure est le comble de l'imbécillité, pour ne pas dire de la démence. »

(*Séance du 15 septembre 1792*).

DE L'UNITÉ

DU SOI-DISANT PARTI-RÉPUBLICAIN

ET DES RACES INFÉRIEURES

J'ai déjà, je crois, publié une partie des trois ou quatre cents dénominations par lesquelles se désignaient eux-mêmes ou désignaient leurs adversaires les avocats, les ambitieux, les fous, les coquins, les scélérats et les imbéciles qui ne manquèrent pas lors de la première République.

Ceux d'aujourd'hui, qui ne sont que des imitateurs, des copistes, des plagiaires, des parodistes des premiers, leur ont emprunté une partie de ces noms et en ont imaginé quelques autres.

Les premiers avaient, entre autres, les *aboyeurs*, les *carmagnoles*, les *dissidents*, les *exclusifs*, les *mixtes*, les *niveleurs*, les *patriotes plus patriotes* que les *patriotes*, la *Plaine*, la *Montagne*, le *Rocher*, les *sans-culottes*, les *tappedur*, les *terroristes*, etc., que je recommande aux nouvelles divisions et subdivisions qui ne peuvent manquer de se fractionner encore. Quant aux *nihilistes*, aux *démocrates*, aux *anarchistes*, aux *matérialistes*, aux *partisans de la Commune*, aux vainqueurs de la *Bastille*, etc., l'emprunt est déjà fait : les *mixtes* sont représentés par les *opportunistes* et les *possibilistes*, les *terroristes* par les *communards*, etc.

On se tromperait fort de croire qu'ils attachent à ces dénominations quelque sens sérieusement politique, ou philosophique, ou moral. La République existant, il s'agit d'être ou de se dire plus républicain que les autres et d'avoir en conséquence une plus grosse part à la curée :

Republicanus, republicanior, republicanissimus, republicanississimus.

Les opportunistes s'adressent aux *modérés*, aux bourgeois, qui se contentaient autrefois de s'appeler « libéraux », et aujourd'hui, toujours pour avoir l'air *forts*, se disent républicains, mais républicains modérés, membres d'une République honnête, pacifique, conservatrice, athénienne, etc., ce qui a, presque tout de suite, été déclaré une simple bêtise.

Les autres fractions se partagent, en descendant, en divers groupes de plus en plus « avancés » : les cinq ou six républicains de religion qui existent peut-être encore, puis les ouvriers exaltés, trompés, affolés, abrutis, les piliers de brasserie; puis enfin sous les noms d'anarchistes, d'athéistes, communards, etc., les chenapans, croupiers de bonneteau, marchands de chaînes de sureté, souteneurs de filles, fripouilles et truands de tout genre.

Quand toutes ces hordes se réunissent en une seule armée, avec cette énorme absurdité du suffrage dit universel, ça roule comme un torrent vaseux et bourbeux, et il est difficile de leur résister, comme on l'a vu trop de fois; mais, la victoire remportée, quand vient le partage du butin, il y a des mécontents : on le trompe, on le filoute, et après peu de temps, il y a plus de haine entre ces hordes qu'elles n'en éprouvaient pour la monarchie qu'elles ont renversée.

Voici de nouvelles élections; la défiance s'est beaucoup accrue, chaque fraction de parti voudrait avoir les autres avec soi, appoint indispensable sans lequel il n'est pas de succès possible, mais aucun ne veut combattre au profit des autres.

L'autre jour, à la Chambre des députés, M. Brisson, qui pour le moment est chef du cabinet, c'est-à-dire polichinelle major, grand polichinelle, comme disait l'amiral Courbet, a essayé de ne pas trop se séparer des opportunistes, tout en restant uni avec ceux qui ont pris leur place au pouvoir. Il a fait appel à la conciliation, à l'union. Ne nous entredévorons pas, utilisons, a-t-il dit, le peu de considération et d'union qui nous reste pour résister à nos ennemis.

Chaque parti, chaque coterie veut bien l'union, et comprend que c'est le salut; mais chacun entend l'union de la même manière, et c'est ce qui la rend peu probable.

Unissez-vous à moi pour que je triomphe.

Les haines sont arrivées à un état très aigu, et les invitations à l'union me rappellent une fable allemande que j'ai lue autrefois :

« Par une froide journée de décembre, un troupeau de porcs-épics songèrent, pour se mettre à l'abri du froid, à se réfugier dans un trou souterrain, pensant qu'ils se tiendraient chaud réciproquement par l'accumulation de leur chaleur naturelle; mais aussitôt qu'ils furent entassés et serrés dans le terrier, ils sentirent qu'ils s'enfonçaient mutuellement leurs piquants dans le corps, et ils se hâtèrent de s'écarter les uns des autres, autant que la capacité du trou le permettait; alors, ils ne tardèrent pas à avoir froid de nouveau, et tentèrent encore de se rapprocher pour se réchauffer, — rapprochés, piqûres et embrochement réciproque. On s'éloigne et on a froid; on se rapproche et l'on se blesse, et toujours comme cela. »

O μυθος δηλοι οτι. Cette fable prouve que les tronçons de ce qu'on appelle à tort le parti républicain n'ont de force que réunis et, en même temps, ne peuvent vivre ensemble.

Ce malheureux Ferry, mettant en pleine lumière son incapacité, son ignorance, sa présomptueuse sottise pour justifier la guerre du Tonkin, a invoqué « le droit que les *races supérieures* ont sur les *races inférieures*, dont l'exercice est un devoir de la civilisation ».

D'abord, qui prononcera entre deux races sur la supériorité de l'une et sur l'infériorité de l'autre? Ce sera naturellement celle qui aura la force pour elle, celle qui aura le mieux confectionné les engins de destruction et de massacre. Qu'est-ce que la civilisation à ce point de vue? C'est d'avoir plus de canons, et des canons à plus longue portée.

Ce « droit des races supérieures », c'est le droit des voleurs, le droit des négriers, le droit des Espagnols sur le Pérou et sur le Mexique; c'est l'Angleterre exerçant l'épicerie à main armée, et vendant de force aux Chinois l'opium abrutissant.

Et c'est la Chine que Ferry appelle une race inférieure !

La Chine qui a, de si loin, précédé toutes les nations de la terre dans les sciences, dans les arts, dans la vraie civilisation; dont les lois faites par ses philosophes, les plus rares et les plus complets génies qui aient existé, ont fixé et consacré, tant de siècles avant que les autres peuples eussent une histoire, les devoirs et les droits des peuples et des rois. La Chine, où régnaient bien avant l'ère chrétienne toute la doctrine et toute la morale du Christ!

Et, disons tout : le moment ne paraît pas bien choisi pour que la France, telle que l'ont faite et la font les soi-disant républicains depuis 1871, réclame de prétendus droits de « race supérieure » sur aucun autre peuple *dépouillable*.

Aujourd'hui, ce peuple qui a pu pendant longtemps, sans être trouvé tout à fait ridicule, se proclamer lui-même le peuple le plus spirituel des peuples, n'oserait plus émettre cette prétention.

Race supérieure! En 1789, après Louis XIV et Louis XV, la Providence lui donne le meilleur des hommes, le plus honnête, le plus vertueux des rois, le plus ami du peuple qui fût jamais. Il va au-devant de toutes les réformes, se montre digne d'être appelé le « restaurateur de la liberté ». On l'insulte, on l'emprisonne, on lui coupe la tête et on le remplace par quelques douzaines de tyrans, voleurs et assassins. Après quoi, on acclame un despote qui décime la nation, jonche l'Europe de cadavres français, et dont le règne finit par deux invasions.

La Providence, réellement partiale pour ce peuple aussi mauvais, aussi ingrat, aussi incorrigible que le peuple juif l'avait été lorsqu'il avait toutes les préférences de Jéhovah, la Providence lui donne le gouvernement de Juillet. Paix, richesse, liberté, gloire dans tous les genres, respect de toutes les nations, vie facile et heureuse, ça ne pouvait pas durer; le peuple français chasse Louis-Philippe et le remplace par Ledru-Rollin, madame Sand, Blanqui, Barbès, le petit Blanc et puis par « le prince président », qui, imitant son oncle, nous ruine par la guerre et finit par une invasion allemande et la perte de deux provinces.

Ce n'était pas assez. On s'empresse de rappeler la République de 1793, on fait l'apothéose des scélérats et des fous, on célèbre les anniversaires de leurs crimes et de leurs saturnales. On arrive à une parodie de la Terreur, à l'assassinat et au vol. On ajoute l'incendie de Paris.

Arrivons à aujourd'hui :

Qu'est-ce qu'un peuple de trente-six millions d'hommes qui se livre à la tyrannie imbécile d'un ou deux quarterons d'avocats sans causes, de médecins sans malades, d'incapables, d'ignorants, d'avides, de vaniteux, chefs d'une armée de coquins, de voleurs, de souteneurs de filles, de truands et de fripouilles, un peuple qui permet que ce ramassis dispose de sa liberté, de sa fortune et de son honneur?

Qu'est-ce qu'on appelle aujourd'hui un parti politique? le cercle de badauds et de jobards qui entourent un charlatan, un escamoteur, un marchand de poudre à gratter, dont les compères, pendant que l'artiste amasse lesdits jobards et badauds par des lazzi et des boniments, fouillent et vident les poches de l'assistance.

Parlerons-nous des finances? Les impôts, les emprunts, les profusions aveugles, les tripotages nous ont amené un budget plus que double de celui du gouvernement de Juillet.

L'agriculture? Ce pays si riche en terre voit tous ses paysans abandonner la charrue et la bêche pour venir dans les villes démesurément élargies et absurdement obérées, augmenter le nombre déjà excessif des ouvriers, ce qui amène toute une armée « d'ouvriers sans ouvrage », situation qui est devenue une profession, la seule qui ne soit pas exposée au chômage, et non seulement une profession, mais un parti politique, un pouvoir de l'État.

Tout ce que le prétendu gouvernement fait pour l'agriculture consiste en ceci, qu'on encourage les « courses de chevaux », pour lesquelle M. le président de la République, dans sa munificence, prodigue... les vases de Sèvres.

Ces « courses de chevaux », proclamées institution pour « l'amélioration des races chevalines, » ne sont qu'une nouvelle forme du jeu, du baccara, etc., ne produisent en fait de chevaux que des rosses efflanquées qui ne sont absolument bonnes à rien, si ce n'est pour ce jeu, qui n'a pas tardé à avoir ses grecs, ses tricheurs et ses filous.

Notre armée? En face d'une nation armée, victorieuse, inquiète, qui regrette de ne nous avoir pris que cinq milliards, nous allons gaspiller notre argent, nos soldats, nos vaisseaux, pour des guerres lointaines, injustes, absurdes. Sous prétexte de fonder des colonies, lorsque presque la moitié de la France n'est pas cultivée, nous allons au Tonkin semer des millions et fumer avec les cadavres de nos enfants des terres qui ne rapporteront que des fièvres et des pestes.

Comme encouragement à la discipline, on fait célébrer et fêter à l'armée de Paris, l'anniversaire du 14 Juillet, du plus grand crime qu'aient jamais commis des soldats.

La justice ? Sous prétexte d'épuration on a glissé dans les rangs d'une magistrature, autrefois justement honorée, des hommes sans considération, sans études, sans conscience. Il est impossible d'imaginer un crime, aussi épouvantable que vous voudrez, entouré des circonstances les plus cruelles, qui assure à son auteur l'expiation suprême.

Voyez, pour ne citer que le dernier exemple : les jurés qui viennent de condamner l'horloger Pel ont « déclaré sur leur honneur et leur conscience » qu'il avait dépouillé, empoisonné sa servante et l'avait brûlée et réduite en cendres dans un poêle. Et en même temps ils ont déclaré ce crime excusable.

Chaque jour nous voyons les auteurs de crimes identiques, assassinats, incendies, infanticides, etc., sévèrement punis par un tribunal et innocentés par un autre : une affaire de chance, une loterie.

Le parricide, que les lois antiques ne voulaient pas juger possible, n'est plus aujourd'hui un crime sans excuse.

La vie seule des assassins est précieuse. Quand par hasard ils échappent à la clémence du jury, ils peuvent avec confiance avoir recours à la sympathie du président de la République.

Quant à la vie des autres, ça n'a pas plus grande valeur.

On juge en ce moment un homme et une femme. La femme avait promis quinze francs à l'homme pour qu'il tuât son mari. Ce mari tué, elle ne donna que douze sous. L'assassin, justement irrité d'une telle mauvaise foi, l'a dénoncée, et elle est avec lui sur le banc des accusés. Pour quinze francs, ça pouvait se faire, mais douze sous, ça n'est pas payé.

Commerce? Chaque semaine, la *Gazette des Tribunaux* publie une liste chaque fois plus nombreuse des peines dérisoires infligées à des marchands pour des vols et des empoisonnements, que par le plus bête des euphémismes on appelle vente à faux poids et sophistication. Il n'est pas de denrée qui ne fournisse au consommateur des mélanges répugnants et malsains; grâce aux *sophistications* des denrées alimentaires, des maladies jusqu'alors inconnues sont venues enrichir le catalogue des médecins.

L'avocat Gambetta autorisait les marchands de vin à « mouiller », c'est-à-dire à étendre d'eau le vin qu'ils vendaient à d'autres, à vendre l'eau de la Seine et l'eau des puits au prix des vins de Bourgogne et de Bordeaux.

Les marchands de vin inconsolables, mais encouragés, dans une récente réunion, ont décidé qu'ils s'efforceraient d'élire un d'entre eux à la Chambre des députés pour que le mouillage la sophistication, l'empoisonnement fussent sérieusement représentés et défendus.

En tout cas, ces « électeurs » exigeront cette fois de tout candidat sollicitant leur suffrage, la promesse de supprimer le laboratoire chargé de dévoiler leurs fraudes.

En même temps ils demandent au président de la République, sous peine de leur indignation, d'amnistier tous les marchands de vins condamnés pour vol et empoisonnement, qui, par une loi dont ils espèrent l'abrogation, ont perdu leurs droits civils, et ne pourraient pas prendre part aux prochaines élections, eux des citoyens si dévoués à la République !

Instruction publique ? L'athéisme devenu religion obligatoire, plus fanatique, plus intolérante qu'aucune qui ait jamais été. Histoire déguisée, menteuse ;

calomnies contre les rois, enthousiasme pour les coquins, les assassins; étude et applications des théories les plus absurdes, des doctrines les plus honteuses et les plus insensées.

Eh bien, un peuple qui souffre tout ce que je viens de dire et tout ce que je ne dis pas, et qui peut-être va bientôt voter encore pour ces tyrans ridicules et confirmer leur grotesque usurpation, ce peuple est-il en état de réclamer le prétendu doit des races supérieures sur les races inférieures? Où, dans l'état où il s'est laissé réduire, trouverait-il une race à laquelle il pourrait, avec une apparence de justice, appliquer le titre de race inférieure? Où trouverait-il un peuple plus aveugle, plus sourd, plus ennemi de lui même, plus perdu, plus bête que lui?

A PROPOS DE DUELS

J'aurais facilement l'air de venir un peu tard pour parler d'une affaire qui a récemment excité un intérêt assez vif : le duel entre M. le lieutenant Chapuis et M. Dekeirel, duel qui a coûté la vie au premier, et où le second a été, est encore accusé d'avoir, de la main gauche, détourné selon les uns, empoigné selon les autres, l'épée de son adversaire. M. Chapuis, frappé à mort, tombe en disant : « C'est un assassinat. » Une polémique s'est à ce sujet engagée dans les journaux, polémique à laquelle ont pris part des hommes qui jouissent d'une certaine notoriété, d'aucuns même d'une notoriété certaine, dans ces questions de combats singuliers.

On n'est pas arrivé d'accord, et la question n'est pas résolue ; le parquet, dit-on, a évoqué l'affaire, et je doute qu'elle le soit davantage devant la justice, qui n'a à ce sujet que des doctrines, les unes tombées en désuétude, les autres assez vagues.

Si je viens en parler à mon tour, c'est que je crois avoir quelque chose à dire.

Un fait semblable, quoique moins tragique, s'est présenté dans une des occasions, le plus rares qu'il m'a été possible, où j'ai accepté d'être témoin d'un duel, réserve que j'expliquerai tout à l'heure.

Ce duel eut lieu à Nice, entre le chevalier Arson, très connu dans cette ville, et quelqu'un dont j'ai oublié le nom. L'adversaire du chevalier avait pour témoins deux militaires; j'assistais l'autre avec le banquier Avigdor, mort depuis dans de si tristes circonstances.

Après avoir quelque temps ferraillé, les deux combattants ayant une égale inexpérience, l'adversaire d'Arson empoigna l'épée d'Arson de la main gauche et lui lança un coup au bas ventre qui eût été au moins très dangereux s'il eût pénétré. Mais j'avais eu le temps de le prendre d'une main par le col, et de le jeter violemment en arrière, si bien que son épée ne fit qu'une égratignure.

Un procès-verbal de blâme sévère fut rédigé, et ses témoins eux-mêmes le signèrent sans hésiter.

Cependant notre homme affirmait en pleurant qu'il ne l'avait pas fait exprès, que c'était un mouvement involontaire auquel la pensée n'avait eu aucune part.

Cette assertion, qui paraissait vraie, me frappa, et je m'opposai à la publicité qu'il avait été question de donner au procès-verbal.

Cette possibilité, cette excuse, si vous voulez, a été reconnue ces jours-ci par presque tous ceux qui ont pris part à la discussion. Cet usage de la main gauche, soit pour détourner le fer, soit pour l'empoigner, peut être involontaire, amené par un instinct impérieux et fou de la conservation, par la peur, si nous ne reculons pas devant un gros mot.

Il y a eu des « modes » pour le duel comme pour tout ; écoutez Montaigne :

« En mon enfance, dit-il, la noblesse fuyait la réputation de bien escrimer comme injurieuse et se dérobait pour l'apprendre. L'honneur des combats, ajoute-t-il, consiste en la jalousie du courage, non de la science. Et j'ai vu qu'un de mes amys, renommé pour grand maistre en ces exercices, choisir en ces querelles des armes qui lui ostassent le moyen de cet advantage et lesquelles despendaient entièrement de la fortune et de l'assurance, afin qu'on n'attribuast sa victoire plus tost à son escrime qu'à sa valeur. »

Longtemps il a été d'usage de se battre l'épée d'une main, et la dague ou le poignard de l'autre.

C'est donc une question de convention ; mais, s'il

est convenu, et tant qu'il est convenu, que l'on ne doit pas faire usage de la main gauche, cette convention — qui n'est pas cependant complètement établie — doit être respectée, au point de vue de l'égalité entre les combattants, et cette égalité est une règle qui ne souffre ni d'exception, ni même de discussion.

Supposons, en effet, deux combattants dont l'un croit avoir le droit de se servir de la main gauche pour détourner ou saisir le fer de son adversaire, et l'autre croit n'avoir pas ce droit, et conséquemment ne le fait pas; cela constitue déjà une première inégalité qui n'est peut-être pas si forte qu'elle en a l'air, ce que nous allons examiner, mais en amène une seconde qui l'est beaucoup plus : c'est que ce second combattant ne pense pas que son adversaire fera ce que lui considère comme défendu, ne s'en défiera pas, et ne songera même pas à s'en défendre.

Il faut donc que cette question soit résolue définitivement, de façon à la mettre à l'abri de toute discussion, ou que l'usage de la main gauche soit sévèrement et absolument défendu, ou tout à fait permis, ce qui, dans les deux cas, maintiendrait ou rétablirait l'égalité entre les combattants.

Si c'est la première règle qui est adoptée, c'est-à-dire la prohibition, il reste une grande difficulté à résoudre, puisque presque tous sont d'accord que cette règle peut être enfreinte par un mouvement involontaire, et par conséquent innocent, malgré les tristes conséquences qu'il peut amener.

Quelques-uns ont indiqué et indiquent d'obliger celui qui se serait laissé aller à un pareil mouvement à combattre, dans cette circonstance et dans les autres où il pourrait se trouver, la main gauche attachée derrière le dos. Cet expédient n'est ni juste ni pratique; ce n'est pas seulement la main gauche, ce serait tout le corps qui serait gêné et à peu près paralysé, ce qui amènerait une inégalité bien plus forte que celle qu'on voudrait empêcher.

Laissons cet expédient de côté, mais il n'est pas cependant admissible qu'un mouvement qui peut être involontaire, c'est-à-dire inconscient et même innocent, peut tuer un des combattants et déshonorer l'autre.

Ne vaudrait-il pas beaucoup mieux autoriser l'usage de la parade de la main gauche : chacun pourrait en user, et chacun devrait s'en défier et s'en défendre; peut-être si on ne veut pas également autoriser l'empoignement de la lame, ce qui même perdrait beaucoup de sa gravité si c'était un droit commun, il suffirait de rétablir l'usage de la dague ou du poignard dans la main gauche, ce qui ne lui permettrait pas d'empoigner la lame de l'adversaire.

Notez que, cette règle admise, qui supprimerait le principal et peut-être le seul danger qui consiste dans l'inégalité, très peu de combattants, et je parle ici surtout des experts et des habiles useraient de la permission; car, pour parer de la main gauche, il faut vous présenter à peu près de face, c'est-à-dire offrir à un adversaire qui s'efface et ne donne sur lui à votre fer que le tiers de la surface que cette attitude vous force de lui présenter.

Est-il tout à fait juste ou, du moins, tout à fait « égal » d'astreindre à des lois de la salle d'armes un combattant qui, par aventure, n'y a peut-être jamais mis les pieds, et ne peut-on admettre que les deux adversaires, une fois en face l'un de l'autre, les épées mesurées, part égale étant donnée du terrain et du soleil, combattent chacun à sa manière, c'est-à-dire de la façon où il croit avoir plus d'avantages, comme font sur un champ de bataille deux cavaliers ennemis qui se servent sans scrupule du sabre et du pistolet, comme on fait d'ailleurs quand il s'agit du duel américain au fusil, où, avec des armes égales, rien n'est défendu de ce que chacun juge le mieux pour lui-même?

Je ne prétends certes rien imposer; mais, comme cette question se réveillera lors du procès, j'apporte mon avis à la somme des documents, appuyant surtout pour qu'on ne la laisse plus indécise, cette question controversée.

Je disais tout à l'heure que je n'ai jamais accepté légèrement le rôle de témoin dans les duels, et je vais expliquer cette réserve.

Mon vieux maître Grisier, dont le nom a été rappelé et cité souvent dans la discussion qui vient d'avoir lieu, disait :

« Les témoins ont tué plus de monde que les épées. »

En effet, rien n'est plus grave et plus fécond en résultats déplorables que l'inexpérience, l'ignorance, l'irrésolution, la légèreté, le manque de pratique des témoins d'une rencontre sur le terrain.

Les devoirs des témoins sont nombreux, rigoureux, et celui qui en accepte les fonctions doit en connaître, en apprécier et en accepter la responsabilité.

C'est à grand tort que la justice attaque et condamne les témoins; la vérité serait au contraire, de les féliciter, de les louer, s'ils ont scrupuleusement accompli leurs devoirs qui consistent : 1° à s'efforcer, autant que possible, de concilier, de réconcilier, d'imposer des excuses à celui qui les doit; 2° en cas où tout arrangement est déclaré impossible, à garantir la parfaite égalité et la complète loyauté du combat, leur propre sécurité dût-elle en être menacée, le tribunal devant, au contraire, leur infliger des peines sévères s'ils ne se sont pas acquittés de ces devoirs, ou les ont remplis avec négligence et légèreté.

Un exemple, puisque je suis arrivé à parler du duel, ce qui m'arrive bien rarement, à l'appui de l'aphorisme de Grisier. J'ai été longtemps brouillé avec un vieil ami, le duc de Rovigo, par suite d'amers reproches que je lui avais faits sur son attitude dans un duel qui fit beaucoup de bruit en ce temps-là. Il s'agit du duel qu'eut M. de Pène, aujourd'hui bien vivant et rédacteur en chef du journal *le Gaulois*, avec un officier; celui-ci ayant été blessé, un autre officier, son témoin, voulut le remplacer immédiatement, et combattre à son tour M. de Pène, naturellement fatigué et essoufflé. M. de Pène accepta la proposition et reçut, dans ce second et immédiat combat, une blessure qui mit ses jours en danger. Le devoir des témoins de M. de Pène était de ne pas lui permettre d'accepter ce combat inégal, en vertu du pouvoir absolu qu'ils doivent exiger et qu'on leur concède en leur confiant ses intérêts, de s'opposer même par la force, à ce combat, et de s'offrir au besoin pour remplacer M. de Pène en face de celui qui voulait remplacer son ami blessé. Cependant Rovigo avait fait à plusieurs reprises ses preuves d'une bravoure qui ne pouvait être mise en doute; il n'avait manqué en cette circonstance que de bon sens et de décision.

C'est parce que je suis très imbu des devoirs qu'assume un témoin, que je n'ai jamais accepté ce rôle que pour des hommes que j'aimais et dont j'étais sûr. J'ai eu le bonheur ne n'avoir presque jamais eu que des amis dont j'étais sûr.

Je fus un jour témoin de Nestor Roqueplan. Arrivés sur le terrain, un des témoins de son adversaire, lequel témoin jouait les matamores, s'avisa de dire à Nestor : « Si vous tuez ou blessez mon ami, je le remplacerai immédiatement. — Veuillez d'abord vous taire, lui dis-je, et si après l'affaire de ces messieurs, vous avez si grande fantaisie de vous battre, c'est avec moi que vous vous battrez. »

Mais, à peine les fers croisés, l'adversaire de Roqueplan présenta des excuses, et s'en alla avec ses deux amis (le matamore compris).

Parenthèse :

Je me rappelle une autre affaire où à l'instante prière de ses parents, qui étaient de mes amis, j'assistai un jeune homme dans une première affaire. Ce jeune homme n'était autre que M. Dumont, aujourd'hui moins jeune, je pense, et rédacteur en chef du journal le *Gil Blas*.

Son adversaire — j'ai oublié son nom, mais il était l'inventeur avec grand succès des « transparents », c'est-à-dire des gilets laissant passer en dedans une bande rouge ou bleue, et rédacteur en chef du *Messager*, — son adversaire avait pour témoin le baron de Bazancourt, une des fines lames de ce temps-là, gaucher célèbre, qui, à ma connaissance, se battit trois fois et fut blessé les trois fois.

On se battait au pistolet — c'était avant le duel à trente cinq pas imaginé pour la première fois pour M. Gambetta, — on tirait au signal; du premier coup personne n'est touché; on recharge les armes, on tire, même résultat. L'affaire était grave, on avait échangé des soufflets. Nos clients étaient très animés, très décidés, on parle de charger les pistolets pour la troisième fois.

— Messieurs, leur dis-je, ça ne vous regarde pas, c'est à vos témoins à décider.

Et aux témoins :

— Ces messieurs ont donnés des preuves plus que suffisantes de leur courage et de leur maladresse. Allons-nous-en.

Et on s'en alla.

Parlons encore des témoins. Il s'est introduit depuis quelques années un usage qui présente d'incontestables dangers. Une discussion, une querelle vient-elle à s'élever entre deux personnes, dans cette maison de verre et de verre grossissant où nous font tous habiter la presse et l'institution des reporters, le public aime qu'on se batte, c'est un spectacle et un spectacle gratis. Les deux adversaires, se voyant sous les yeux de ce public, deviennent moins disposés à des concessions mutuelles, à la conciliation, et prennent une attitude de coqs sur les ergots. Ils choisissent des témoins et les mettent en présence. Quand je dis ils choisissent, ce choix n'est pas tout à fait libre, car, d'après la jurisprudence peu raisonnable dont j'ai parlé plus haut, les témoins, par cela seul qu'ils sont témoins, sont exposés à l'amende et à la prison; le plus souvent ils doivent confier les intérêts de leur honneur et de leur vie à des gens qui « aiment à être témoins »; c'est-à-dire à jouer un rôle dans ce qui attire l'attention du public et à prendre leur part à cette attention. Les journaux ont inséré avec plus ou moins d'exactitude les détails de la querelle, les témoins leur portent un « procès-verbal » de leur conférence préalable entre témoins. Voici déjà les deux adversaires beaucoup plus engagés souvent qu'ils n'avaient envie de l'être. Mais ce n'est pas tout : les témoins se sont mis en scène devant le public; ils sont montés sur un théâtre; il est rare qu'ils se privent d'y prendre une attitude héroïque; ils se montrent difficiles sur des concessions encore possibles la veille et qui, le plus souvent, ont cessé de l'être après leur intervention; dans cette lutte préalable, où le danger n'est pas pour eux, ils ne veulent ni céder ni reculer. Et combien de fois font-ils se battre des gens qui avant de les prendre pour témoins n'en avait souvent pas un bien vif désir ni l'un ni l'autre !

Puis, satisfaits d'être en scène comme acteurs du drame, ils se « rappellent » eux-mêmes après le dénouement et viennent se représenter au public, qu'ils supposent enthousiasmé, en apportant aux journaux un procès-verbal, un programme « menu » de combats, signé de leurs noms et prénoms.

Bravo ! tous.

— C'est tout le contraire qui avait lieu autrefois, et cet autrefois, n'est pas, si vous le voulez, bien loin, puisque nos contemporains et moi nous étions sévèrement soumis à cet usage absolument contraire. Je ne prétends pas toujours qu'autrefois vaille mieux qu'aujourd'hui, je crois cependant qu'on empêchait alors beaucoup de duels, qu'on provoque et rend inévitables maintenant.

Il eût été alors réputé du plus extrême mauvais goût, non seulement de donner de la publicité à une affaire d'honneur avant le combat, mais même après la rencontre, on y mettait comme une sorte de pudeur : j'en donnerai un exemple personnel.

Excusez-moi de parler encore de moi, mais « moi » c'est ce que je sais le mieux, et ce que j'ai appris des sottises, des vices, des défauts, des ridicules humains, c'est sur moi-même que je l'ai étudié et appris.

C'était sous le gouvernement de Juillet, c'est-à-dire, il y a un demi-siècle, peut-être deux si on compte le temps par les changements et révolutions qui se sont opérés dans les idées, ou ce qui tient lieu d'idées, dans les mœurs, dans les habitudes, dans les opinions, dans la politique et surtout dans la fortune de la France.

On avait bien à tort persuadé au comte Walewski que je l'avais offensé. J'avais pour Walewski l'estime et la sympathie qu'il méritait à tous égards, ainsi qu'il le reconnut plus tard en me témoignant toujours depuis les meilleurs sentiments. Je ne pus alors lui refuser de me battre avec lui. Il avait pour témoins le comte de Sercey et le prince de la Moskowa ; moi, Léon Gatayes et le marquis de Gricourt, qui vient de mourir, tous quatre fort en évidence.

Nous étions en ce temps-là, tous deux nous-mêmes assez en vue. Walewski était propriétaire et rédacteur en chef d'un journal, le *Journal de Paris*, je crois ; moi, je publiais les *Guêpes*. Eh bien ! ni le *Journal de Paris* ni les *Guêpes* ne parlèrent du duel, et tous les six, usant de nos amitiés et de nos influences dans la presse, nous décidâmes facilement les autres journaux à n'en pas dire un mot, ce qui, du reste, était alors naturel et rigoureusement exigé par ce qui était en ce temps-là « le bon ton ».

Le contraire, qui est à la mode aujourd'hui, si vous y ajoutez les leçons de duel qu'on donne et qu'on prend, et qui fournit aux gens l'art de tirer l'épée de loin — l'épée à vingt-cinq pas, comme le le pistolet — et avec un acharnement prudent proportionné aux niaiseries et aux bavardages qui amènent les « affaires » dites encore « d'honneur », le choix des témoins et les leçons de duel n'ont pas pour conséquences ce seul danger de multiplier les

duels; il pourrait en arriver que le duel devînt
ridicule, ce qui rendrait inutile le moyen que
j'avais indiqué de le rendre, non pas impossible,
ce qu'il ne faut pas désirer ni admettre, du moins
très rare. Ce moyen consiste dans un seul article de
loi : « On ne se battra qu'à mort. »

Ce moyen cependant mériterait d'être pris en
considération, et serait plus efficace que les peines
les plus terribles édictées sans succès autrefois par
nos monarques. En effet, supprimer entièrement le
duel est impossible et n'est pas à demander, ni à
désirer. Mais il faut décider qu'on ne s'exposera
plus à tuer un homme que si on veut passionnément et absolument le tuer, que si l'on pense avoir
le droit, le devoir, la nécessité de le tuer; qu'on
ne s'exposera à se faire tuer par lui que si l'outrage
reçu est tel que le monde et la vie soient trop
étroits pour que tous deux y restent et s'y rencontrent.

Madame de Maintenon disait à ses « demoiselles
de Saint-Cyr » : Il ne faut jamais rire.

— Mais, madame, dit une d'elles, quelquefois
on ne peut pas faire autrement.

— Alors, vous rirez, dit-elle, mais alors seulement.

Cette règle peut s'appliquer au duel.

Il s'agit encore du duel de MM. Chapuis et Dekeirel. On parle d'assembler une sorte de concile pour décider si la parade de la main gauche est admise ou défendue, bien plus, si elle est criminelle et considérée comme une trahison et un assassinat.

Plusieurs acceptent cette parade et la considèrent comme excusable et même légitime; plusieurs autres la repoussent avec indignation.

Parmi ceux qui ont donné à leur opinion plus ou moins de publicité, si vous en exceptez votre serviteur, je ne vois que des maîtres d'armes et des virtuoses de l'escrime, habitués des salles d'armes et y ayant acquis une certaine réputation de tireurs.

Si le concile qu'on parle de réunir est composé de la même manière, je déclare que si par hasard on arrive à une solution, ce que je ne crois pas, il est certain qu'elle ne sera ni juste, ni raisonnable, ni définitive.

Ce que je vais prouver, si vous m'accordez votre attention.

Rappelons les faits en deux mots :

A la suite d'une querelle dans un café, après ou pendant un bal masqué, une rencontre est décidée entre le lieutenant Chapuis et un M. Dekeirel. Quoique le lieutenant paraisse être l'offenseur, ses témoins obtiennent des témoins de son adversaire, sans objections sérieuses, le choix des armes ; il choisit l'épée.

Lui-même se disait « une très forte lame », il

avait ou croyait avoir « un coup » qui lui « avait toujours réussi », et que, si ma mémoire est fidèle, il avait encore essayé avec des fleurets la veille du duel. Je dis « croyait avoir », parce que je crois peu aux « bottes secrètes » contre un homme qui a du sang-froid et n'est pas trop pressé.

Les deux adversaires en présence, il arriva une fois de plus ce qui arrive beaucoup moins souvent qu'on ne le raconte : la forte lame est non seulement touchée, mais tuée par le novice, par la « murette »; le lieutenant Chapuis est traversé par l'épée de Dekeirel, dont il avait annoncé qu'il aurait bon marché, et meurt deux jours après.

Or, au moment où le lieutenant, se fendant sur son adversaire, lui portait un coup, probablement son fameux coup, M. Dekeirel avait écarté l'épée de M. Chapuis avec la main gauche, et immédiatement, en même temps pour ainsi dire, avait riposté par le coup dont le résultat devait être si funeste.

Le lieutenant, se sentant blessé, s'écria :

— C'est *presque* un assassinat !

Ses témoins s'empressent de le porter dans une voiture, ne font que peu ou point d'observations.

M. Chapuis meurt; suit une grande rumeur : les uns crient très haut que la parade de la main gauche est un assassinat, les autres qu'elle est permise, qu'elle a été très longtemps en usage et même enseignée. Tous sont d'accord sur un seul point : elle peut être instinctive et involontaire; cet aveu rend le terme d'assassin bien gros et bien peu légitime. La justice intervient, M. Dekeirel est arrêté et mis en prison, la polémique continue au dehors; le jour du jugement, les magistrats, qui, en général, ne se piquent pas d'escrime, provoquent des renseignements. Alors paraissent ceux qui avaient déjà écrit dans les journaux, des maîtres d'armes et des hommes qui ont acquis une plus ou moins grande notoriété, la plupart dans les salles d'armes, quelques-uns sur le terrain et dans des rencontres.

Il se présente la même contradiction dans les opinions, mais aussi la même assertion unanime, que cette parade peut être « instinctive et involontaire ».

M. Dekeirel est acquitté, et la polémique continue dans les journaux que je lis, probablement dans les cafés où je ne vais pas, et ailleurs.

Dans le congrès que l'on annonce, il est peu probable que ceux qui ont énoncé publiquement leur manière de voir se rendent aux arguments de leurs adversaires et se résignent à une palinodie. La question demeure donc indécise, et il ne restera acquis que ces deux points :

1º A certaines époques, la parade de la main gauche a été non seulement admise, mais tout à fait en usage et enseignée dans les salles d'armes;

2º Ce mouvement peut être instinctif et tout à fait involontaire.

Cependant cette question ne peut rester ainsi dans l'indécision, car le mouvement instinctif et involontaire peut causer la mort d'un homme, et aux yeux d'un certain nombre de personnes, le déshonneur et l'infamie pour un autre.

Il faut donc de toute nécessité qu'elle soit résolue, et après y avoir sérieusement réfléchi, je dirai tout à l'heure quelle est la solution que je crois la meilleure et peut-être la seule.

Mais auparavant je veux chercher et expliquer la cause de la divergence des opinions sur ce sujet.

Cette cause, c'est que ceux qui admettent ces excuses, et ceux qui repoussent la parade de la main gauche avec plus ou moins de véhémence, se placent à deux points tout à fait différents.

Parmi ceux qui fréquentent ou ont fréquenté les salles d'armes, les uns n'ont fait que les traverser, et les ont quittées lorsqu'ils se sont crus en état de se défendre sur le terrain en cas de duel ; les autres ont continué et ont fait de l'escrime, non seulement un exercice salutaire, distingué, élégant, mais bien plus, ce qu'on appelle aujourd'hui un « sport », un jeu, un art comme les échecs, le trictrac ou le billard.

Dans le premier cas, il ne s'agit que de l'épée, dans le second il s'agit surtout du fleuret.

Ce sont deux armes beaucoup plus différentes qu'on ne semble le croire.

Le fleuret est quadrangulaire et terminé par un bouton de fer recouvert de peau de daim, l'épée est triangulaire et pointue; de ces deux différences, la seconde n'a pas besoin d'être expliquée, la première modifie singulièrement les oppositions et le contact des lames.

Parmi ceux qui cultivent l'escrime, hantent les salles d'armes ou ont de ces salles chez eux, la plupart à cause du milieu très civilisé dans lequel ils vivent, à cause de l'avantage qu'ils se croient, qu'ils ont peut-être, mais pas toujours, en cas de duel, ne sont ni inquiets, ni trop chatouilleux, ni provocants, ni hargneux, et d'autre part, à cause de la notoriété qu'ils ont acquise comme « fines lames », ils sont peu provoqués ou plutôt ménagés; sauf quelques très rares exceptions, ce n'est pas parmi eux qu'on trouve ceux qui ont le plus fréquemment des « affaires ». Le plus souvent ils cultivent « l'art pour l'art », exigent la correction, le respect de la tradition et de la convention, l'observation des règles, ils sont grammairiens et puristes en escrime. Eh bien, ils risquent fort de se tromper quand ils veulent porter leur rigorisme sur le terrain, et imposer à l'épée les conditions, les conventions, les allures du fleuret.

Je citerai une analogie dans un autre genre de « sport », l'équitation. Vers 1832, un écuyer vint y apporter une révolution : c'était Baucher; sa méthode qui fut très discutée eut des partisans dévoués, fanatiques, et elle en a encore beaucoup. Il se fit autour de lui une petite église d'adeptes, de croyants, qui passaient de longues heures à faire marcher les chevaux au pas dans le manège, et à leur « assouplir l'encolure ».

Jusque-là, rien de mieux ; il sortit de l'école Baucher des cavaliers sérieux et brillants : Lancosme-Brives, Léon Gatayes, etc.; mais ils me semblaient s'attarder dans les principes, dans la grammaire et le rudiment. Beaucoup arrivèrent à ne plus monter à cheval que dans le manège, à vivre en rond, et ils affichèrent le plus profond mépris pour ceux qui usaient autrement du cheval, aimaient à trotter et à galoper dans la campagne, dans les bois et les forêts, et ils les flétrissaient du nom de « cavaliers de dehors », et je fus personnellement frappé de cette excommunication; mais ayant, en deux leçons, vu s'amoindrir une « assiette » acquise par un long exercice, je ne pris pas la troisième.

J'ai assez bien tiré, je tire assez bien l'épée, mais je n'ai jamais été compté parmi les « académiciens de la lame » ; je pourrais dire même que je n'ai pas été compté du tout parmi les amateurs ni les tireurs; comme exercice, comme « sport », je préférais les avirons et l'exercice du bâton, qui exercent, assouplissent, développent les deux bras, les reins et la poitrine, ce que le fleuret ne fait qu'à moitié et parfois même un peu aux dépens de l'autre moitié.

Je ne paraissais pas dans les salles, je prenais leçon seul avec Grisier le matin et le soir, — je ne demandais au fleuret que d'apprendre à tirer passablement l'épée — nous nous servions même de véritables épées boutonnées, — il m'arrivait parfois d'arrêter la leçon lorsque mon maître, un des célèbres d'alors, me paradisait, me menait à des élégances, à des « fioritures », et de lui dire : « Feriez-vous cela avec l'épée sur le terrain ? » et s'il me répondait : « Non ; » alors, disais-je : « Ne le faisons donc pas. »

Et tous ceux qui tirent l'épée savent combien sont peu nombreux et peu variés les coups qui ont lieu sur le terrain.

J'allais plus loin, — je ne tirais jamais qu'avec deux amis d'enfance, avec lesquels il était impossible que je pusse jamais avoir une affaire, — il me paraissait au moins inutile que d'autres se jugeassent ou se crussent plus forts ou moins forts que moi.

L'immunité des coups de bouton du fleuret amène à peu près toujours un jeu imprudent ou trop orné, — j'en excepte les tireurs qui, devenus de véritables artistes, des virtuoses, ont parfois plus peur d'un coup de bouton en public que d'un coup d'épée que personne ne saurait.

Avec Léon Gatayes et un peintre appelé Ferret, nous tirions tout à fait nus jusqu'à la ceinture et avec des fleurets qui, tout en conservant leur petit bouton de fer, étaient dépouillés de leur enveloppe de daim, si bien qu'un coup de bouton, tout en n'étant pas dangereux, faisait cependant de petites blessures assez douloureuses.

Je vous garantis que nous perdîmes ainsi l'habitude des corps-à-corps, des coups fourrés, etc., des fioritures, des élégances, des points d'orgue, etc., qui sont parfois très applaudis dans les salles d'armes et avec raison, lorsqu'on ne prétend pas les appliquer ailleurs.

A la guerre, dans une bataille, deux cavaliers se lancent l'un sur l'autre. Ne parlons pas du cas où l'un des deux aurait un pistolet et tirerait sur l'autre hors de portée de sabre, ce que cependant on n'appellerait pas un assassinat. Supposons seulement que l'un soit armé de la longue latte des cuirassiers et l'autre du sabre plus court des hussards ou des chasseurs. Celui-ci ne peut amener l'égalité que par le sang-froid, l'adresse et aussi par son habileté à manier son cheval, surtout par le soin de ne pas croiser régulièrement son petit sabre avec la grande latte. Tout coup sera bon pour sa défense. Personne ne lui en demandera compte.

Prenez le duel au fusil des Américains. Les deux adversaires, armés d'armes pareilles, peuvent, sans être blâmés, employer toutes les ruses, toutes les supercheries, toutes les surprises.

Les grammairiens, les puristes de l'escrime sont bien forcés de faire des concessions; à la salle d'armes les coups fourrés, les corps-à-corps sont défendus comme incorrects; les coups portés au visage, aux masques, aux cuisses, aux jambes, sont considérés comme mauvais, et quelquefois même ne sont pas comptés.

Mais sur le terrain, avec les épées, ces coups peuvent être blâmés, dédaignés, méprisés, mais comptent cependant, et je me rappelle encore avec émotion après plus de trente ans que mon cher frère Eugène, étant au 14ᵉ régiment de chasseurs à cheval, reçut en duel un coup au visage qui faillit lui faire perdre un œil.

La main gauche élevée derrière l'épaule est, je le veux bien, une excellente position; elle contribue à tenir le corps effacé, et elle sert de balancier pour se fendre et se relever; c'est une excellente position, mais lorsqu'on a, par l'habitude et l'exercice, triomphé de la gêne qu'elle fait d'abord éprouver.

Pour parer volontairement ou involontairement de la main gauche, il faut vous présenter à peu près de face, c'est-à-dire offrir à l'épée de l'adversaire une surface au moins double de celle qu'il expose à la vôtre.

C'est donc une très mauvaise position, dangereuse surtout pour celui qui la prend; elle est cependant aussi un danger pour l'adversaire, et voici pourquoi :

C'est que cet adversaire peut croire que cette parade ne peut avoir lieu, que non seulement il ne peut s'en servir lui-même, mais, de plus, qu'il n'a pas à s'en défier, ni à la tromper ou à la parer.

D'où une inégalité et une surprise.

Que faire! Obliger les deux tireurs à tenir correctement la main gauche en arrière, à la hauteur de l'épaule? Cette position, excellente pour celui qui y est accoutumé, serait très gênante pour un autre, et lui donnerait un désavantage plus grand peut-être que de ne pas s'effacer suffisamment. On a parlé d'attacher la main gauche de celui qui ne pouvait pas répondre d'un mouvement « instinctif et involontaire » : c'est une puérilité à laquelle il est oiseux de répondre : l'homme ainsi lié serait comme garrotté et empêché de tout le corps.

Vous prohibez cette parade de la main gauche, vous blâmez, vous flétrissez celui qui l'emploie; tout le monde est d'accord qu'elle peut être involontaire, votre blâme, votre excommunication ne rendront pas la vie au lieutenant Chapuis.

D'ailleurs on ne peut exiger cette correction grammaticale convenue de gens qui n'ont pas fréquenté les salles d'escrime, qui se battent pour défendre leur honneur, ou satisfaire une haine plus ou moins légitime; autrement ce serait renouveler au bénéfice des adeptes du fleuret le privilège de caste qui, autrefois, permettait de ne pas rendre raison l'épée à la main à un « vilain ».

La seule solution efficace, légitime, est de permettre la parade de la main gauche, comme elle était permise autrefois, et même de l'enseigner, en même temps qu'on enseignerait à se défier de cette parade toujours possible, puisqu'elle est unanimement reconnue pouvant être instinctive et involontaire, et alors le danger serait surtout pour celui qui l'emploierait. Le maître dirait : « On peut parer de la main gauche, mais je ne vous le conseille pas, » ou à l'autre : «On peut parer de la main gauche, défiez-vous. » La leçon d'armes, l'escrime doit enseigner à se défendre non seulement contre les attaques incorrectes, contre l'imprévu, contre le défendu.

C'est un tort, dans les salles d'armes, de n'avoir à tirer que contre le maître ou contre des élèves accoutumés comme vous aux conventions, aux restrictions : on devrait, et je ne m'en faisais pas faute, tirer de temps en temps contre des gens tout à fait inexpérimentés, ignorants de toutes conventions, c'est-à-dire contre l'imprévu, contre l'inconnu, contre le défendu même.

Je me rappelle que, vers 1830, le musicien italien Carafa, officier de l'armée de Murat, l'auteur de *Mazaniello*, etc., était à la salle de Grisier et étonna tout d'abord et même embarrassa les bons tireurs par son jeu inusité de l'escrime italienne; les maîtres et les tireurs en eurent bien vite raison, sans qu'on eût pensé un moment à vouloir obliger Carafa à adopter les règles et les conventions de l'école française.

Supposez, — non un de ces duels « pour la galerie », où on se bat non pour se battre, mais pour s'être battu, — mais un duel sérieux, un duel non seulement de colère, mais de haine, un de ces duels les seuls qui devraient avoir lieu et les duels seraient peu fréquents.

Un des deux adversaires a reçu une offense si atroce, qu'il ne peut, qu'il ne veut pas vivre si son adversaire est vivant; cette offense cependant, par un délicat sentiment d'honneur, il n'en veut pas parler : s'il la confie à ses témoins, il leur interdit d'en faire mention. Pour amener le duel, il a dû prendre l'attitude d'offenseur, et conséquemment laisser à son ennemi le choix des armes. Celui-ci choisit l'épée, qu'il passe pour manier d'une façon tout à fait supérieure.

Ne peut-il arriver que le véritable offensé se dise : — Il est de première force à l'épée, moi, au contraire, je n'y entends rien. Il parera en se jouant les coups que je lui porterai, et moi je ne saurai pas parer les siens.

» Je veux bien mourir, mais je veux qu'il meure aussi.

» Eh bien ! je n'essayerai pas de parades inutiles ; au premier coup qu'il me portera et que je tâcherai de discerner d'une feinte, je tirerai en même temps que lui en me fendant à fond, et nous tomberons tous les deux.

C'est très incorrect. Mais... après? Si tous deux sont frappés, si même l'habile tireur, plus maître de lui, ne s'est pas fendu à fond, en désespéré, comme son adversaire qui n'est que blessé, tandis que lui est transpercé et tué, que ferez-vous, vous les grammairiens et les purs?

Ferez-vous comme l'acteur Dugazon et un de ses camarades d'une rare obésité ?

— Écoute, je veux bien me battre avec toi. Mais pour que le combat soit égal, il faut convenir de ceci : Je suis mince et fluet, et, toi, tu es un éléphant...

Et tirant de sa poche un morceau de blanc d'Espagne, il trace rapidement un rond sur le large abdomen de son camarade. — Tout coup qui ne sera pas dans ce rond ne comptera pas.

Laissons, pour finir la parole à Molière dans son *Bourgeois gentilhomme :*

M. JOURDAIN. — Ouais ! ce maître d'armes vous tient au cœur, je vais te faire voir ton impertinence (Il fait venir des fleurets et en donne un à Nicole); tiens... raison démonstrative : la ligne du corps. Quand on pointe en quarte, on n'a qu'à faire cela; et quand on pointe en tierce, on n'a qu'à faire cela. Voilà le moyen de n'être jamais tué, et cela n'est-il pas beau d'être assuré de son fait, quand on se bat contre quelqu'un ? Là, pousse-moi un peu pour voir.

NICOLE. — Eh bien quoi? (Nicole pousse plusieurs bottes coup sur coup à M. Jourdain et le touche chaque fois de plein corps et rudement.)

M. JOURDAIN. — Tout beau ! Holà ! Ho ! doucement, diantre soit la coquine !

NICOLE. — Vous me dites de pousser.

M. JOURDAIN. — Oui, mais tu me pousses en tierce avant que de pousser en quarte, et tu n'as pas la patience que je pare.

LE NOUVEAU GULLIVER

... Il me semblait pourtant à quelques signes que j'avais déjà vu cette ville et que je la reconnaissais à un certain point.

Cependant ce qui se présentait à mes yeux était tellement bizarre, étrange, absurde, impossible, que je crus plus probable que, comme le Gulliver de Swifft, j'avais été transporté dans quelque région inconnue des voyageurs et des géographes, et aussi différente de celles que j'avais vues jusque-là que l'étaient la capitale de Lilliput ou Brobdingnac, la ville des géants, ou la ville de Lapula, ou celle des Houyhnham.

Tout était renversé, comme les images dans l'appareil photographique ou dans la lunette astronomique; le toit des maisons leur servait de base, on y entrait par en haut, et le haut était le rez-de-chaussée ; le portier demeurait au cinquième ou au sixième étage, par lequel on devait entrer. Les hommes marchaient sur les mains, la tête en bas et les pieds en l'air. Il en était de même des femmes, qui portaient des souliers aux mains et des gants aux pieds, et dont les jupes retombaient d'une façon qui, partout ailleurs, eût été jugée peu décente ; mais, dans cette ville, la décence et la pudeur consistaient à se cacher le visage et s'y bornait entièrement, comme le dit Platon dans sa *République* ; les chiens, les chevaux et les ânes imitaient les hommes et se roulaient les pattes en l'air ; les arbres montraient leurs racines et cachaient leur feuillage sous la terre.

Je ne tardai pas à entendre des cris, des huées et de bruyants éclats de rire ; et cherchant à voir le sujet de tant de gaieté, vu ma résolution bien arrêtée de ne jamais perdre une occasion de rire, je ne pus me dissimuler longtemps que ce qui était si ridicule, ce qui causait une pareille hilarité, n'était autre que moi qui marchais sur les pieds et non sur les mains, tandis que « tout le monde » faisait le contraire, et que ce n'était plus, tant s'en faut, la tête, que selon le poète, le Créateur a ordonné à l'homme de porter droite et les yeux levés vers le ciel.

Os homini sublime dedit, cœlumque tueri
Jussit..

Au même instant, d'autres cris, d'autres huées, d'autres éclats de rire se firent entendre à l'autre extrémité de la rue, et je vis s'avancer un homme qui comme moi marchait sur ses pieds; c'était, paraît-il, trop drôle, c'était à crever de rire. A son costume je reconnus que cet homme était un brahmane, il s'approcha de moi et me dit :

— Je ne suis pas fâché qu'un homme comme moi vienne prendre sa part, en diminuant la mienne, de la gaieté et des huées qui m'escortent dans les rues.

— Au nom du ciel, lui demandai-je, dites-moi où je suis, quelle est cette ville, et quels sont ces hommes?

— Je le veux bien, dit-il, mais sortons de la rue et entrons chez-moi, où nous serons à l'abri des passants.

Nous fîmes quelques centaines de pas, et nous nous trouvâmes devant une petite maison qui seule était bâtie comme celle que j'étais accoutumé à voir. On y entrait par en bas et le toit était à son sommet. Nous entrâmes et allâmes nous asseoir sous un berceau de chèvrefeuille en fleurs.

— Il est impossible, dis-je alors, que les choses soient comme je les vois; je pense, et avec terreur, que je subis une altération de la vue; de même que les gens affectés de daltonisme ne distinguent plus les couleurs, confondent surtout le rouge et le vert; si bien, disait Arago, que pour les gens affectés de daltonisme, les cerises ne sont jamais mûres. Peut-être manque-t-il à mes yeux ce phénomène que ni Buffon ni personne autre n'ont pu expliquer, qui redresse les objets qui viennent toujours renversés sur la rétine ; et mes yeux sont-ils devenus comme une lunette de théâtre à laquelle manquerait une lentille intermédiaire entre l'oculaire et l'objectif? Hélas! de tous les maux qui frappent l'homme dans son passage sur cette terre, c'est la dimunition ou l'altération de la vue que j'ai le plus redouté, la contemplation de la nature et la lecture, c'est-à-dire l'entretien avec les grands et vrais génies de tous les temps et de tous les pays, étant les deux plus grandes richesses, les deux plus grands, peut-être les deux seuls incontestables bonheurs qui soient permis à la créature humaine.

— Rassurez-vous, mon ami, me dit le brahmane, votre vue ne vous trompe pas; vos yeux sont tels que vous les avez eus en naissant, les choses étranges qui vous troublent sont malheureusement telles que vous les voyez. Tout est ici à l'envers, la tête en bas, les pieds en l'air; ce qui devrait être à droite est à gauche, et réciproquement. Ce peuple n'a pas toujours été ainsi, cette ville a été tout autre; c'est ce qui fait que, à la fois, vous ne la reconnaissez pas, et cependant vous croyez l'avoir déjà vue, ce qui est la vérité.

» Cette ville où nous sommes et où nous prêtons tant à rire, vous et moi, parce que nous ne partageons ni l'infirmité ni le ridicule à la mode, est simplement la capitale d'un grand pays qui s'appelle la France. Cette France avait été protégée, favorisée et douée par Brahma, j'oserais presque dire jusqu'à l'injustice. Sa situation, son climat, sa fertilité, la bravoure, le bon sens, l'esprit, l'affabilité, la gaieté de ses habitants y rendaient la vie facile et heureuse plus que dans aucune autre région ; c'était une fête pour les habitants des autres contrées d'y venir passer quelque temps, ils en emportaient le souvenir et le regret, avec les modes et les coutumes, sa langue était devenue presque la langue universelle, ou du moins la langue commune des esprits distingués et cultivés de tous les pays.

» Mais voici que presque tout à coup, ou du moins par des degrés presque insensibles, ce peuple privilégié, « gâté, » s'est ennuyé d'être heureux ; son côté faible, son défaut « mignon » l'amour du nouveau, l'amour du changement, a pris le dessus et s'est exaspéré. Pendant longtemps le goût trouvait un aliment suffisant dans les habits, les chapeaux, les plumets, les jupes : il s'est étendu aux choses de l'esprit et de l'intelligence ; cet amour du nouveau avait créé la badauderie. Celle-ci se contentait d'abord des arracheurs de dents, des faiseurs de tours de gobelets, des « parades » de Bobèche et de Galimafrée sur le boulevard du Temple; puis il s'est blasé, il a voulu voir tomber, défiler et s'en aller des gouvernements, non par haine, non par amour terrible de la liberté. Non, le peuple français n'a jamais été un esclave brisant ses fers, ç'a été un domestique capricieux aimant à changer de maîtres. Il a guillotiné Louis XVI, le meilleur des hommes, le plus libéral des rois, et il l'a remplacé par Robespierre, Collot-d'Herbois, Marat et deux cents autres tyrans avides et sanguinaires. C'est si vrai, qu'il ne demande qu'à changer de maîtres, que les farceurs le mènent par le nez, lui disent qu'il est roi lui-même, et, en effet, avant l'assassinat de Louis XVI, ce monarque était devenu le seul sujet de trente millions de rois. Tous rois; mais bientôt, lassé de lui-même et de sa royauté, il a remis le sceptre à Bonaparte... Te souviens-tu?...

Surpris de ce tutoiement, je regardai le brahmane : il avait ôté sa barbe et était Honoré de Balzac. Ce qu'il y a de plus étonnant, c'est que je n'exprimai, ni même n'éprouvai aucun étonnement.

—Te souviens-tu de cette plaisanterie de Rossini qu'on trouva un jour devant son piano, ayant sous les yeux la partition d'un morceau de Wagner, mais la musique retournée, c'est-à-dire le haut en bas et le bas en haut? « Que faites-vous, maître? — J'ai essayé de jouer ce morceau comme on joue d'ordinaire la musique, et je n'ai pas compris; je veux voir si je serai plus heureux en le jouant ainsi. » Je crois que Brahma, ne comprenant plus ce que veut ce peuple, a fait comme Rossini et le met à l'envers, ou tout simplement le laisse s'y mettre après lui avoir ôté cet organe mystérieux qui redresse l'image dans la rétine.

— Espérons, dis-je, que ce n'est qu'une trois centième leçon, et que Brahma se laissera fléchir, et lui permettra bientôt de se voir lui-même sens dessus dessous, de s'apercevoir que tout est à l'envers, que ce qui devrait être à gauche et réciproquement, la tête en bas et les pieds en l'air.

— J'en doute, répondit Balzac, tu as dans le temps, dans tes *Guêpes*, tracé l'image de deux pyramides. L'une, représentant la forme la plus solide qui se puisse imaginer, repose sur une large base toute formée de paysans, de cultivateurs, laboureurs, bergers, vignerons, etc., chargés de produire sans relâche la seule richesse réelle, car les mines d'or et d'argent, les hôtels des monnaies ne peuvent que multiplier le signe de la richesse et n'en créent pas une pareille.

» Au-dessus des paysans, occupant un espace plus resserré, était dans la pyramide un étage formé des métiers indispensables, charpentiers, maçons, forgerons, etc., exercés par un nombre extrêmement moindre.

» Au troisième étage étaient en nombre encore plus

restreint les métiers de luxe, orfèvres, ébénistes, coiffeurs, tailleurs, etc.

» Au quatrième, toujours dans un espace plus rétréci, le commerce, les négociants, banquiers, etc.

» Au cinquième étage, les professions dites libérales, médecins, professeurs, imprimeurs.

» Au sixième, les arts d'agrément, peintres, musiciens, sculpteurs, etc.

» Au septième, en petit nombre, poètes, écrivains, philosophes, législateurs, savants, dont il ne faut qu'une pincée comme du sel et du poivre et de la muscade dans la cuisine.

» Au huitième, ministres, hommes d'État, fonctionnaires publics, etc., n'occupaient qu'un espace très restreint. — Enfin, au sommet, un roi, un buste ou un chapeau.

» Les degrés de la pyramide n'indiquaient pas des degrés de supériorité, mais des nécessités d'équilibre.

» Mais quelle est aujourd'hui la situation de la société ? — La pyramide est renversée, elle repose sur un sommet étroit et pointu — en bas, en nombre dérisoire, sont toujours les paysans ; au-dessus d'eux en nombre encore relativement restreint, mais cependant trop grand, les ouvriers indispensables.

» Puis à chaque étage, un espace de plus en plus large est occupé par une foule inutile et onéreuse d'hommes dont il ne faut dans la société qu'un petit nombre — et un bon tiers du monument est occupé par les poètes, écrivains, versificateurs, perruquiers-poètes, journalistes, savants et pseudo-savants, philosophes de papier, agronomes en chambre, femmes compromises qui entrent en feuilleton comme autrefois elles entraient en religion.

» Tout en haut, rois, prétendants, jouant sur les révolutions, l'engouement, le hasard, les trahisons, les surprises, les malheurs du pays — avocats à *serviette* vide, médecins à sonnette muette.

» Eh bien, la société, ce monument qui a la tête en bas comme le reste, oscille, tremble, et est menacée à chaque instant d'un écroulement. Je crains bien que si Brahma pardonne, ce ne soit trop tard et qu'il n'ait plus le pouvoir de sauver la société en remettant les choses et les gens à leur place. Il n'y aura plus que débris et tessons, mais il arrivera ce qui arrivera, probablement de très vilaines choses. Moi, j'en suis dehors, je n'ai pas laissé derrière moi, en partant, des enfants et des petits-enfants, comme cela t'arrivera bientôt; ce qui ne te permettra pas de jouir parmi nous du calme et de l'indifférence que, au centre où nous sommes de l'immensité des innombrables mondes qui nagent dans l'espace infini, nous éprouvons pour ce très petit accident d'un des plus petits mondes, usé, détruit, brûlé ou refroidi. Quoi qu'il en soit, tu as de beaucoup dépassé l'âge où je suis mort. A bientôt donc...

Et je m'éveillai très oppressé.

— Ah! m'écriai-je, c'était un rêve!

Mais je ne tardai pas à me calmer, et je me dis tristement :

Non, ce n'est pas un rêve. Quel est le principe, quelle est la loi, quelle est la tradition, quel est le droit, quelle est l'institution qui ne vacille pas et qui ne tremble pas sur sa base?

Les marchands vous volent tous les jours, les voleurs vous dépouillent et vous assassinent toutes les nuits. Le jury ne laisse subsister la peine de mort que pour les innocents et les gens suspects de montre. Les députés s'occupent de préparer un petit Éden pour les assassins, les incendiaires, les parricides; bientôt on n'assassinera plus pour voler, mais le vol ne sera qu'un détail et un accessoire. On assassinera pour acquérir le droit d'être déporté dans un lieu de délices.

Cette énorme et sinistre bêtise du suffrage universel par lequel deux idiots l'emportent toujours sur un homme d'esprit et de science, Thersite et Félix Pyat sur Achille et Bourbaki, « deux cailloux sur un diamant, deux crottins sur une rose! »

Est-il rien de plus à l'inverse du bon sens que ce changement perpétuel de fonctionnaires?

Ces députés se faisant élire le plus loin possible des lieux où on les connaît et des intérêts qu'ils doivent représenter?

Ces préfets changés de place aussitôt qu'ils commencent à pouvoir rendre quelques services.

Une triste circonstance m'a fait connaître ce qui se passe dans l'administration allemande.

Là on ne tombe pas sur les places, d'une nuée, comme une pluie de crapauds; avant d'être général on a été soldat, puis caporal, puis sergent.

Avant d'être préfet, gouverneur, ambassadeur, consul, on a passé par tous les degrés.

Mais, une fois arrivé, le grade est une propriété, on ne peut être destitué que par un jugement contradictoire, où l'accusé peut se défendre contre une accusation ouvertement et nettement formulée. Que le gouvernement change, ça ne regarde pas les fonctionnaires qui font loyalement leur devoir. Aussi fut-ce pour moi un triste contraste que de voir et de comparer, à l'étranger, la situation, la sécurité, l'autorité d'un consul de France et d'un consul d'Allemagne.

Grâce à cette mobilité, les fonctions publiques doivent être aujourd'hui classées en France au nombre des petits, des plus petits métiers. Bientôt on ne trouvera plus pour les remplir que des gens décidés à ne reculer devant aucun excès, aucun abus, pour y faire « leurs orges » comme on dit vulgairement.

De même qu'on a dit:

Il y a des gens qui ont raison de jouer.

— Lesquels?

— Ceux qui trichent.

Prenons un exemple : Quand M. Cochery a été nommé directeur des postes et télégraphes, naturellement ce n'était pas parce qu'il avait jusquelà passé sa vie à faire de longues et laborieuses études spéciales et avait franchi les emplois intermédiaires; c'était simplement parce qu'il appartenait à un groupe, à une coterie, dont c'était le tour de se partager les places, les positions, les sinécures, enfin tout ce qui se paie.

Le hasard me donna une preuve que les études qu'avait pu faire préalablement M. Cochery ne s'appliquaient pas aux postes et aux télégraphes. Peut-être savait-il beaucoup de choses, mais pas celles-là.

J'envoyai un jour à un ami, qui demeure près de Lyon dans un beau jardin, un de ces volumes de mo. que Calmann-Lévy veut bien publier de loin en loin; j'avais naturellement écrit quelques mots d'envoi sur la première page.

Un subalterne zélé prit le livre, en fit « la saisie », dressa un « procès-verbal », etc.; mon ami reçut le procès-verbal et la « notification de saisie », mais pas le volume. Il fut très effrayé de la vue menaçante du papier timbré.

Averti, j'écrivis à M. le directeur des postes pour lui signaler cet excès de zèle de son subordonné et en demander la réparation.

M. Cochery me répondit par une lettre très polie, je dirai même très gracieuse. — « Monsieur, me disait-il, vous avez commis un délit ; mais, comme je ne serais pas certain de trouver des juges pour vous condamné, je ne vous ferai pas de procès ; on va annuler la saisie, et le volume sera remis au destinataire. »

Je le remerciai de l'empressement à me répondre quant au fond de l'affaire et quant à la forme de l'urbanité de sa lettre ; néanmoins j'insistai sur la négation du délit dont j'avais été accusé.

Quelques semaines après je reçus une lettre officielle cette fois, reconnaissant qu'en écrivant les quelques mots d'envoi sur la première page d'un volume, je n'avais nullement outrepassé mes droits ni contrevenu à la coutume et à la loi.

Donc M. Cochery avait appris quelque chose et était devenu un meilleur directeur des postes et télégraphes qu'il ne l'était en entrant en place.

Je le soupçonne laborieux, intelligent et possédé du dessein de bien faire ; il a exécuté et projetait, dit-on, d'assez notables améliorations dans le service des postes ; il sera cité, en parlant des fonctionnaires de ce temps-ci, comme on cite les centenaires dans les journaux, car il est resté en place pendant quatre ou cinq ministères, je crois : on aurait pu dire de lui ce que dit Horace.

Impavidum feriebant ruinæ.

S'il est tombé, c'est parce qu'il s'est fait ou s'est laissé faire « ministre », que le titre nouveau de ministre, remplaçant celui de directeur, a donné à la chose un accroissement d'importance et que la direction des postes est ainsi devenue un morceau sinon meilleur, du moins plus appétissant et plus enviable.

A quelque temps de là, j'appris qu'une personne étrangère, une Suissesse, je crois, avait reçu de sa famille un livre qu'elle avait demandé, et dans ce livre on avait ingénument et maladroitement insinué une petite lettre; là, il y avait réellement délit, délit prévu et punissable. Je pris la liberté d'écrire encore à M. Cochery, de lui dire qu'il avait de reste et en réserve un acte d'indulgence qu'il m'avait dans le temps destiné, et qui, vu l'erreur, était resté sans emploi; qu'il se présentait une occasion de le placer et de le faire servir comme neuf; j'ajoutai que les coupables étaient étrangers, très honnêtes et très pauvres. Il accorda l'indulgence que je demandais.

Plus tard j'eus occasion de recevoir presque quotidiennement des dépêches télégraphiques d'un grand intérêt pour moi; je constatai que si on avait voulu empêcher de lire les dépêches, les gens auxquels elles sont adressées, il eût été impossible de trouver mieux; ces dépêches, en effet, se transcrivent sur un papier bleu foncé, et on les écrit le plus souvent avec de l'encre violette, en tout cas avec de l'encre pâle; difficiles à lire en tout temps, elles sont tout à fait illisibles le soir, à la lumière artificielle, et plus d'une fois je dus attendre au lendemain pour en prendre connaissance.

Je jugeai que c'était une occasion de remercier M. Cochery en lui rendant un véritable service, en lui signalant un abus tout à fait absurde. Il me fit savoir qu'il allait y remédier.

Mais une autre horde entrait aux affaires, la coterie Ferry était remplacée par la coterie Freycinet, M. Cochery fut non pas renversé, mais « dévissé » d'une place où il avait été et paraissait encore si solidement établi; si bien que les dépêches télégraphiques s'écrivent encore sur papier bleu avec de l'écriture violette ou pâle, c'est-à-dire continuent à réunir les plus certaines conditions pour ne pas être lues.

C'est au moment où M. Cochery, son stage à peu près terminé, allait probablement pouvoir devenir un bon directeur des postes, qu'on l'a remplacé par une autre personne ayant à faire son apprentissage à nos dépens.

Cela n'est qu'un incident entre cent mille; mais partout nous voyons tout à l'envers : les intérêts, la fortune de la France, le bon sens, l'honnêteté la tête en bas, et la morale les jambes en l'air.

Il est évident que l'équilibre social est détruit. Il y a trop d'ouvriers, trop de marchands, trop d'avocats, trop de médecins, beaucoup trop de « faiseurs d'affaires, » beaucoup trop de « faiseurs politiques », immensément trop de peintres, d'écrivains, de poètes, de journalistes, etc., et immensément pas assez d'agriculteurs; la vraie richesse est là, elle n'est que là; toutes les autres choses, affaires, etc., ne donnent que l'argent, c'est-à-dire « le signe » de la richesse. On ne médite pas assez la fable de Midas, qui mourut de faim quand il n'eut plus que de l'or.

Quand je vois la terre, la vraie richesse abandonnée pour se disputer le signe de la richesse, il me semble voir des chevaliers se battre pour conquérir le portrait d'une merveilleuse beauté; pendant qu'ils se battent, passe un jouvenceau plus avisé qui prend la femme en croupe et s'en va avec elle.

Cela ressemble aussi à des gens qui se battent pour un dîner qui eût suffi pour tous, mais où chacun veut tout manger. Quand le vainqueur vient se mettre à table, il se trouve que le chat a emporté le dîner pendant que le cuisinier regardait la bataille.

LE 1ᵉʳ JUIN

J'ai donc encore une fois vu fleurir le muguet, les anémones, la giroflée jaune des murailles, le chèvrefeuille, les roses, etc.; j'ai assisté encore une fois à ce que j'appelle « la fête des lilas », fête où je vois refleurir depuis longtemps, chaque année, avec leurs thyrses embaumés, les joies pures et les suaves tristesses de nos jeunes années.

Mais le mois de mai qui, même pour nous, habitants des heureuses plages de la Méditerranée, n'a pas tenu tout ce qu'il promet d'ordinaire, n'a pas du tout existé pour les autres régions. Dieu nous enlèverait-il le printemps? punition plus sévère que le déluge; car, par le déluge, on était noyé en deux ou trois minutes, et c'était fini, tandis que passer une longue vie à espérer chaque année le printemps après l'hiver, et ne voir au mois de mai qu'un second hiver, cela dépasserait toutes les peines qu'ait jamais infligées la Providence à l'homme que Dieu, disent les livres saints, avait d'abord fait à son image, et qui ne doit plus guère lui ressembler.

Prions, jeûnons, supplions, implorons :

« O grand Dieu! nous ne reculerons devant aucun sacrifice pour payer à votre juste colère la rançon de cette *primavera*, de cette jeunesse de l'année; pour racheter le beau et doux printemps, ôtez-nous ce que vous voudrez de vos autres bienfaits; reprenez-nous la République, mais rendez-nous le printemps, rendez-nous le mois de mai! »

Par respect pour Victor Hugo, par respect pour son génie, pour sa vie et pour sa mort — par respect pour l'amitié qui nous a unis, lui et moi, pendant de longues années, par respect pour la vérité, pour la justice, pour le bon sens, pour la sincérité, pour le sérieux, je ne parlerai pas aujourd'hui de Victor Hugo; j'espère que mes lecteurs me comprennent; je n'ai pas mêlé ma voix à ces voix discordantes, enrouées, éraillées, de même que je n'ai pas assisté à ce que lui-même avait appelé des « saturnales » lorsqu'il s'était agi d'une fête semblable pour Mirabeau.

A l'heure où a eu lieu cette triste cérémonie, j'ai relu sous une tonnelle de chèvrefeuilles en fleurs quelques-uns de ses plus beaux, de ses immortels vers; c'est un hommage plus vrai, plus sincère et qui durera plus longtemps que la représentation d'hier, un hommage qu'on ne cessera jamais de lui rendre.

En même temps que les vers d'Hugo, j'ai relu des vers de Lamartine.

> ...Arcades ambo...
> Amant alterna Camenæ.

Plus heureux que Victor Hugo, Lamartine n'a été conduit au cimetière que par quelques vieux amis. Il n'a pas vu son cadavre confisqué, filouté, profané, par des aigrefins politiques, jouant un rôle dans une comédie à leur bénéfice.

Lorsque tout à l'heure j'offrais de rendre la République en échange du mois de mai, j'acceptais pour une fois une expression usitée aujourd'hui, mais tout à fait impropre; ce qu'on appelle aujourd'hui la République, non seulement n'est pas la République, mais en est tout le contraire.

Je vais pour quelques instants reprendre le rôle de la Cassandre antique, que je vous avouais dernièrement avoir si longtemps joué, je vais reproduire ce que je prédisais inutilement il y a une douzaine d'années. En voyant qu'une si grande partie de ces prédictions s'est déjà réalisée, peut-être comprendra-t-on que le reste ne peut manquer d'arriver à son tour.

Voici ce que je disais dans un volume publié en 1875, mais composé de fragments publiés antérieurement :

« Quoique éloigné, retiré le plus possible du bruit, de ce qu'on appelle improprement la politique, quoique n'ayant personnellement aucun intérêt au triomphe de tel ou tel parti, je ne laisse pas de me préoccuper vivement de cette France qui est doublement ma patrie, car j'y suis né par hasard, puis je l'ai choisi entre toutes, et ne suis légalement Français que par un acte de naturalisation que j'ai demandé et obtenu après m'être efforcé de le mériter... »

Il n'est donc pas étonnant que mes nuits aient participé à la sollicitude de mes journées et que j'aie fait un rêve dont j'ai fixé le souvenir et les détails par des notes écrites aussitôt à mon réveil.

Je rêvais donc que le scrutin de liste était proclamé; le duc de Magenta, dégoûté, était remonté simple particulier et s'en était allé.

Une fois dans ce courant d'idées, on proclamait l'amnistie, et on allait, en grande pompe, recevoir aux frontières et dans les ports tous les « citoyens », tous les « martyrs » rappelés en toute hâte d'Angleterre, de Belgique, de Suisse et de la Nouvelle-Calédonie ; ils rentraient tous dans « leurs droits » et étaient non seulement électeurs, mais candidats, et candidats acclamés plutôt qu'élus : Me Gambetta n'était nommé qu'à une très faible majorité ; M⁰ Naquet paraissait un peu pâle, et avait failli rester en dehors de la nouvelle Assemblée ; on voyait pêle-mêle arriver à la députation, d'abord tous les condamnés, déportés etc., puis les plus compromis des « intransigeants », puis tous les piliers d'estaminet, les orateurs de taverne, les forts au billard, etc.

Un ministère était nommé qui se composait de MM. Mégy à la justice, Pyat à la guerre, Vermesch à l'instruction publique, Féraud aux finances, Gaillard père à l'agriculture et au commerce, Courbet à la direction des beaux-arts, Floquet aux relations étrangères, etc.

On redémolissait la maison de M. Thiers, on supprimait le journal *le Rappel*, des avertissements aigres étaient donnés à *la République française*; le journal officiel s'appelait *la Carmagnole*, on dressait des statues aux martyrs de la Commune assassinés par les Versaillais ; la propriété étant décidément le vol, on faisait rendre gorge aux propriétaires.

Mais bientôt ce ministère était déclaré traître, et l'Assemblée réactionnaire ; nouvelle dissolution, nouvelles élections ; avènement d'une « nouvelle couche sociale ».

On demande aux candidats d'avoir au moins reçu le « baptême de la police correctionnelle » ;

en cas de conflit, on préfère les « confesseurs » et les « martyrs » de la cour d'assises.

Entrent alors à l'Assemblée les souteneurs de filles, les marchands de chaînes de sûreté, les croupiers des « trois cartes » et des « coquilles de noix ». Ils composent l'extrême droite et sont, à cause de cela, un peu impopulaires et suspects, après eux, aux centres et à gauche, les « victimes », les « martyrs », les libérés.

Le ministère se compose de Guguste, de Polyte et d'un fils naturel de Troppmann. Le journal officiel s'appelle *la Sainte Guillotine*.

On déclare *Ça ira* l'air national, mais ce gouvernement est bientôt, à son tour, traité de réactionnaire : Polyte, Guguste et Troppmann fils se trouvent bien au pouvoir, s'y défendent par la force et se déclarent triumvirs; alors de mon rêve je ne me rappelle qu'une confusion, un gâchis de boue et de sang, des fuites, des exils, des pillages, des incendies, des famines, des têtes coupées, etc., etc.

Puis je vis les murs de Paris couverts d'affiches de toutes les couleurs; ces affiches étaient lacérées et arrachées par la police de Guguste, de Polyte et de Troppmann fils, mais étaient à l'instant même remplacées par d'autres semblables affiches, portant toutes les mêmes mots :

On demande un tyran.

De ces prédictions se sont déjà, l'une après l'autre, réalisées : la démission du maréchal de Mac-Mahon, la déchéance de Gambetta, l'amnistie, le triomphe des communards; l'Assemblée, déjà cependant émaillée de quelques communards, déclarée réactionnaire; les assassins appelés victimes et martyrs, et l'armée qui en a sauvé Paris traitée de ramas d'assassins; le scrutin de liste; *la République française* dépassée, reniée, honnie; M. Floquet, président de la Chambre des députés, etc., etc.; les « nouvelles couches » envahissant les places, les fonctions et le pouvoir., etc., etc.

Et nous roulons sur la pente, et le reste ne peut longtemps tarder.

Quant aux affiches, qui osera nier qu'elles soient dans la pensée et dans le cœur de beaucoup !

UNE BONNE NOUVELLE

J'ai dans le temps suivi assidûment les expériences du magnétisme, catalepsie, double vue, etc., etc., spirites, tables tournantes, crayons prophètes, etc.; mesdemoiselles Pigeaire, Prudence, Alexis, etc.; j'ai assisté à d'inexplicables phénomènes, j'ai découvert des fourberies, etc.; enfin le résumé d'études que j'ai faites avec Adolphe Adam, le charmant musicien du *Chalet* et l'illustre chirurgien Jules Cloquet, a été celui-ci :

Il faut croire au magnétisme, mais se défier des magnétiseurs et des magnétisés.

Un des fléaux les plus redoutés des agriculteurs et des jardiniers, c'est certaines gelées tardives qui tombent sur les amandiers, sur les abricotiers, etc., en fleurs, et détruisent tout l'espoir de fruits.

On raconte l'histoire d'un maire de village qui, ayant remarqué avec ses administrés que ces gelées avaient lieu au moment de la floraison de l'aubépine des haies, fit arracher toutes les aubépines du canton, supposant que les gelées qui attendent leur floraison seront bien attrapées.

C'est grâce à ces gelées que, sous le climat de Paris, on entend dire à peu près tous les ans : — Cette année, il n'y aura pas d'abricots.

Un savant docteur, dont j'ai oublié le nom, obviait à ce danger ; il magnétisait et endormait ses abricotiers, et ne les réveillait que lorsque toute crainte de gelée était passée.

Aujourd'hui on ne magnétise plus, on « hypnotise » et on « suggère ». Ainsi on fait penser, accroire, on « suggère » à un malade qu'il prend un purgatif. Eh bien, sans envoyer chez le pharmacien, le malade éprouve tous les effets du purgatif.

Ne pourrait-on pas suggérer aux pauvres qu'ils ont mangé hier soir de la dinde truffée et qu'ils n'ont pas faim ce matin?

Cette puissance de la « suggestion » n'est cependant pas sans danger; elle fournira de nouveaux moyens de défense aux avocats de cour d'assises et d'acquittement aux assassins, qui doivent déjà à la médecine les « responsabilités incomplètes ou limitées ».

P.-S. — Aujourd'hui 1ᵉʳ juin, s'est, pour la première fois, épanouie dans mon jardin une très belle rose nouvelle, un semis du rosiériste Schwartz, de Lyon, à laquelle il a donné, ce printemps, le nom de Victor Hugo; la fleur est d'une splendide couleur de pourpre écarlate veloutée. Ça, ça dure, et ça refleurira tous les ans.

LE THÉ DE MADAME GIBOU

S'il s'agissait d'un gouvernement ou même de gouvernements sérieux, exercés par des hommes réels et existants, ayant étudié et appris quelque chose, ayant des principes, des traditions, des idées, on ferait encore et néanmoins remarquer à Cassandre que jamais il ne s'est rien fait de grand, de durable, d'utile que sous des règnes et par des ministères de longue durée.

Mais ce qui se passe ne peut, à aucun titre, se comparer à un gouvernement ; si vous voulez vous en faire une idée juste, figurez-vous un navire, par une tempête, jeté sur des récifs qui n'étaient pas sur les cartes. Le capitaine, les officiers ont conservé leur sang-froid et le plein exercice de leur habileté ; les matelots sont braves, expérimentés, obéissants.

Aussitôt la tempête calmée, on se tirera d'affaire ; une petite voie d'eau à étancher, et on reprendra sa route.

Mais...

Au moment où le calme se fait, des sauvages, les uns sur des pirogues d'écorce d'arbre, les autres à la nage, accostent le bâtiment sous prétexte de vendre des provisions. Un coup de canon à poudre les eût dispersés et fait disparaître ; mais on leur fait bon accueil, on les laisse monter à bord. Là, ils massacrent l'équipage sans défiance et s'emparent du bâtiment. Leur premier souci est de défoncer les tonneaux de rhum et de s'enivrer. Une fois ivres, ils se croient de grands marins. Ils ont brisé la boussole qu'ils prennent pour un talisman, une sorcellerie des visages pâles ; puis ils s'affublent des vêtements des marins tués. L'un prend l'habit du capitaine et passe les jambes dans les manches ; un autre se fait une coiffure, une sorte de turban, de la culotte ; un troisième a mis son chapeau, auquel il a ajouté un plumeau ; tel se fait un casque d'une casserole, tel autre se passe une fourchette en pendeloque dans le nez, etc.

Ceux qui se sont emparés des vêtements du capitaine se déclarent chefs et prétendent mettre le rhum sous clef ; pendant ce temps une terrible bourrasque a rompu les chaînes des ancres, et le bâtiment gagne le large en tâtonnant sur les rochers ; les chefs improvisés essayent des commandements contradictoires et impossibles, les autres ne les écoutent même pas et ne songent qu'à s'emparer de la soute au rhum : c'est ce qu'ils appellent le pouvoir.

Comme les chefs ont le rhum à leur disposition, ils ne tardent pas à tomber ivres-morts; alors les autres leur enlèvent le chapeau, la culotte, la casserole, l'habit du capitaine et la fourchette au nez, et surtout la clef de la cave. Les chefs sont « dégommés » comme de simples Ferry, les nouveaux chefs s'abreuvent à leur tour, s'enivrent et tombent sur le pont; à ce moment, les vaincus qui ont cuvé les délices du pouvoir, leur reprennent chapeau, culotte, casserole et fourchette, et toujours ainsi; personne, ni opportunistes, ni intransigeants, ni collectivistes, ni nihilistes, ne sait rien de la navigation, et, d'ailleurs, personne ne s'en soucie; il ne s'agit que de reprendre la clef de la soute au rhum Et ça va comme ça jusqu'à ce que ça n'aille plus, c'est-à-dire jusqu'à ce que le vaisseau rejeté sur les rochers s'entr'ouve et les laisse tomber tous à la mer où ils se noieront.

A moins que, de fortune ou providentiellement, un navire monté par de vrais marins découvre l'épave, accoste le navire à demi brisé, pende les sauvages aux vergues et remorque le bâtiment jusqu'au premier port.

Il peut arriver qu'un des matelots assassinés n'ait pas été complètement tué et ait survécu à ses blessures, les sauvages l'obligent à faire semblant de travailler à la manœuvre. Je dis « faire semblant », parce qu'avant la capture il n'était pas des plus habiles, et que sur le bord actuel, tout le monde commande à la fois, donne les ordres les plus absurdes et les plus contradictoires. Ce qui n'empêche pas que ceux qui reprendront le navire, pourront bien ne pas avoir le temps de faire le triage, et le pendront peut-être avec les autres. Si je voulais pousser plus loin la comparaison, je pourrais citer deux ou trois noms de ceux qui risquent de partager le sort des sauvages au jour de la justice.

Il serait difficile d'expliquer autrement que par la similitude que je viens d'exquisser ce qui se passe en France depuis bientôt quinze ans, et je ne crois pas qu'on puisse trouver une autre comparaison aussi exacte.

Comment comprendre autrement ces groupes, ces coteries, ces hordes qui se sont rués et qui se ruent sur toutes les places, sur toutes les positions, sans qu'on demande à aucun de ceux qui les composent, ni études, ni connaissances, ni aptitudes, ni services rendus. Comment comprendre que ces farceurs qui se sont préparés à l'exercice du pouvoir et du gouvernement des peuples dans les brasseries et les tavernes, et ne sont forts qu'au bésigue, aux dominos et au billard, prennent au hasard des titres et des positions de ministres, de ceci ou de cela, d'ambassadeurs, de préfets, etc ? Et quand je dis ministre de ceci ou de cela, c'est qu'ils ne tiennent pas plus à l'intérieur qu'aux finances, étant aussi propres à l'un qu'à l'autre, vu qu'ils sont aussi ignorants, aussi incapables pour l'un que pour l'autre; aussi les voit-on échanger entre eux les ministères, selon leurs convenances :

— Dites-donc, l'ami, vous qui êtes célibataire, vous feriez bien plaisir à ma femme de prendre les télégraphes et de lui donner l'instruction publique, où l'appartement a une pièce de plus et de si grandes armoires.

— Comment donc ! mais très volontiers, je me retire la fourchette du nez, et je vous la donne en échange de la casserole qui est sur votre tête. Soyez ministre de l'instruction publique et des cultes.

Hier encore, M. de Freycinet, qui s'était nommé ministre de l'intérieur, n'a-t-il pas, pour être agréable à M. Brisson, passé aux affaires étrangères en lui abandonnant d'abord l'intérieur? N'ont-ils pas échangé l'habit du capitaine dans les manches duquel M. de Freycinet avait déjà passé les jambes, contre la culotte dont M. Brisson s'était fait un turban? Puis, comme M. Brisson faisait encore le renchéri et demandait la justice, on lui a repris l'habit et donné la casserole.

La France n'est-elle pas ce navire désemparé, avec la boussole brisée, et voguant au hasard? La scène des sauvages que j'ai retracée est-elle plus absurde, plus invraisemblable que les divers prétendus gouvernements que nous avons subis? Ceux-ci sont moins gais, sans être moins ridicules, et sont au moins aussi dangereux.

Aujourd'hui je ne parlerai que d'un seul de nos nouveaux maîtres, M. de Freycinet, l'homme qui a, pour le moment, la culotte du capitaine sur la tête.

Je vais facilement démontrer que de tous les Français actuellement existants, c'était l'homme auquel le moins il fallait permettre de monter au pouvoir. Quel est donc l'aveuglement de ce pauvre Cassandre qui le souffre, qui s'indigne de ce que mademoiselle Van Zandt a bu quelques verres de vin de Champagne, et permet à ces farceurs sinistres de boire le sang et de dévorer l'argent de la France avec l'indécence la plus cynique?

Le seul argument qu'on ait pu donner théoriquement en faveur de la République et du suffrage universel a été l'espérance, si vite et si complètement déçue, de voir au pouvoir *les meilleurs choisis par tous*; c'est-à-dire le plus honnête et le plus habile financier aux finances; Canrobert, le duc d'Aumale ou Bourbaki à la guerre; le plus savant et le plus religieux observateur des lois à la justice; celui des agriculteurs de France dont le domaine est le plus heureusement, le plus richement cultivé, à l'agriculture, etc., etc.

Mais non, on ne s'inquiète nullement des aptitudes, des connaissances, de la renommée, des antécédents des candidats ministres, préfets, etc. On ne leur demande que de faire partie du groupe qui vient de supplanter un autre groupe, par suite de quoi nous voyons un affreux mélange qui justifie pleinement le titre de ce chapitre, qui pourrait également s'appeler « un arlequin », où les médiocres sont les plus forts et en même temps très rares. Au total : *les pires choisis par les mauvais.*

Revenons à M. de Freycinet, *iterùm Crispinus.*

M. de Freycinet a été quatre fois ministre. S'il s'était montré capable, laborieux, patriote, lors de son premier ministère, il fallait le garder. S'il n'a rien été de tout cela, il fallait ne jamais le reprendre. On s'est empressé de le renverser après son premier ministère, et on le reprend aujourd'hui pour la quatrième fois, et il est le treizième ministre des affaires étrangères depuis seize ans, sur cent vingt ministres que nous avons eus.

Il faut d'abord que je te rappelle, ô peuple français, ω δημος, ô Cassandre ! que, en 1870, la France eut une guerre avec la Prusse et que, après la capitulation de Sedan, la continuation de la guerre était jugée impossible par nos plus braves et par nos plus habiles généraux, qu'il n'y avait qu'à se hâter de faire la paix. Le petit malfaiteur Thiers, avant de devenir le complice des soi-disant républicains, dit, de ceux qui ont voulu alors, pour conserver un pouvoir usurpé, continuer cette guerre néfaste : « La France leur doit la moitié de ses pertes en hommes, en territoire et en argent. » Je commence par là, ô Cassandre ! parce que tu pourrais bien l'avoir oublié, toi qui ne te rappelles ni le bien ni le mal au delà de six mois, et qui permets que M. de Freycinet revienne au pouvoir.

Les républicains se sont bien souvent récriés contre les « officiers de naissance » de l'ancienne aristocratie, où tout le monde était soldat et tenait sans cesse sa vie à la disposition de la patrie; que dira-t-on d'un avocat de trente ans se nommant lui-même ministre de la guerre et ministre de l'intérieur, comme fit Gambetta en 1870? Il faut un an, disait un vieux général, pour faire un bon caporal. On aurait pu croire qu'il se serait adjoint quelque général expérimenté. Loin de là, on mit à l'écart ceux qui s'étaient le plus illustrés dans cette carrière; on repoussa tous les princes d'Orléans qui réclamèrent le droit de se battre pour la France, et c'est en se déguisant sous le nom de Robert que le duc de Chartres prit place dans les rangs; c'est sous le nom de Lutherod que le prince de Joinville tira clandestinement quelques coups de canon contre les Prussiens.

Il fallait à M. Gambetta un second qui n'eût aucune chance de devenir le premier; l'avocat s'adjoignit au ministère de la guerre l'ingénieur des mines Freycinet, et tous deux firent des plans de campagne qui n'étaient pas moins ridicules que ceux où madame de Pompadour traçait la marche des troupes en collant des mouches sur la carte.

C'est M. de Freycinet qui commandait. Gambetta faisait des discours et des proclamations que les soldats, dont il ne parlait pas la langue, trouvaient ridicules.

Rien de plus tristement bouffon que les ordres et les conseils de M. de Freycinet aux généraux.

Il leur apprenait qu'il fallait se « servir d'espions, qu'il fallait mettre les Prussiens entre deux feux et leur infliger de cruelles surprises ».

Fidèle aux traditions de 92, il envoyait des « civils » surveiller et gourmander les généraux.

Le 17 octobre 1870 il écrivait au général d'Aurelles de Paladines :

« Ma lettre renfermant des instructions pour la campagne vous sera remise par M. Sourdeaux, attaché à mon cabinet. Ouvrez-vous avec lui sans réserve, de vos plans; il est au courant de nos intentions et vous les expliquera. »

Le pékin Sourdeaux ne trouva pas le camp bien gardé la nuit et fit gronder le général d'Aurelles par M. de Freycinet.

Pendant toute la campagne, la grande préoccupation du ministre de la guerre était d'empêcher l'ennemi d'approcher de Tours, où se tenait le gouvernement. Ce soin passait avant tout.

Continuons à rappeler quelques lettres adressées au seul général qui ait battu les Prussiens :

« Le 29 octobre 1871.

» Nous devons donc, en présence de votre dépêche, renoncer à la magnifique partie que nous nous préparions à jouer, et que selon moi, nous devions gagner. Quand vous vous sentirez en état de marcher contre les Prussiens, vous nous le direz. »

Cette magnifique partie consistait à exécuter en vingt-quatre heures une marche que le général avait déclaré ne pouvoir se faire en moins de neuf jours. Voyant leurs voitures circuler dans les rues de Tours, nos ministres de la guerre ne comprenaient pas que l'artillerie et les convois de vivres fussent arrêtés ailleurs par le mauvais temps.

Gambetta dut comprendre quelque chose cependant, lorsque, ayant annoncé le 4 décembre, qu'il serait à Orléans à quatre heures, il se mit en route ; mais, ayant entendu dire qu'on avait vu des uhlans sur le chemin, il fit rebrousser le convoi et rentra en toute hâte à Tours.

« Tours, le 3 novembre 1870.

» *C. de Freycinet au général d'Aurelles.*

» Je désire que vous étudiez avec M. de Serres, que je vous envoie, une combinaison dont je me suis entretenu avec M Gambetta et qui a eu son assentiment. »

« 19 novembre.

» Nous étudions un plan. Dès que nos idées seront arrêtées, nous vous les communiquerons. »

M. de Freycinet faisant au général d'Aurelles l'énumération des forces qu'il avait à sa disposition, celui-ci réfuta des erreurs énormes et ajouta : « Il est dangereux de se fier à des chiffres grossis sur le papier et de les prendre pour une réalité. »

M. de Freycinet se plaignit de l'audace de cette réponse à M. Gambetta, qui prit sa plume de guerre et tança le général :

« 20 novembre.

» La lettre que vous avez reçue de M. de Freycinet a été délibérée avec moi, et je vous prie de la considérer comme l'expression sérieuse et rigoureuse de mes vues. »

« 22 novembre.

» Pourquoi n'exécute-t-on pas le mouvement que j'ai indiqué?

» DE FREYCINET. »

Or, le 9 novembre, l'armée de la Loire, commandée par d'Aurelles de Paladines, avait pour la première, hélas! et la seule fois, battu les Prussiens. Toute la campagne sur les deux rives de la Loire jusqu'à Orléans était évacuée par eux, plus de deux mille prisonniers allemands, des convois de munitions, des provisions enlevées, ainsi qu'un parc d'artillerie, etc.

« 24 novembre.

» Je suis satisfait de vos mouvements jusqu'à présent.

» DE FREYCINET. »

Pendant que M. de Freycinet distribuait des ordres, des instructions et des réprimandes aux généraux, pendant que Gambetta faisait d'emphatiques et boursouflées proclamations, personne ne savait ou ne pouvait s'occuper des nécessités des soldats.

Le général des Pallières écrivait :

« Le 20ᵉ corps est dans l'état le plus misérable, il manque dix mille paires de souliers, du campement complet pour dix mille hommes : tentes, couvertures, marmites, vingt mille havresacs. Le moral du corps peut se ressentir de ces privations. »

Le général Crouzat écrivait le 1ᵉʳ décembre :

« Le 3ᵉ régiment de zouaves a eu, à lui seul, dix-sept officiers tués ou blessés ; le moral de nos hommes est bon, mais ils manquent de trop de choses par ce temps froid et pluvieux. Les trois bataillons de la Haute-Loire n'ont pour tous vêtements que des pantalons et des blouses de toile complètement hors de service ; comment résister au bivouac ? »

Voici la réponse de M. de Freycinet.

« Je ne vous cacherai pas que votre dépêche ne me produit pas une bonne impression. Vous me paraissez prompt à vous décourager ; vous n'opposez pas à l'ennemi cette solidité sans laquelle le succès est impossible.

» En vue de vos hésitations, je vous place, vous et votre corps, sous la direction stratégique du commandant du 18ᵉ corps. Si l'attitude de votre corps continuait à paraître aussi incertaine, je vous en considérerais comme personnellement responsable, et vous auriez à rendre compte au gouvernement des conséquences, etc.

» DE FREYCINET. »

A la réception de cette dépêche adressée à un franc et loyal soldat, dit le général en chef, qui était chargé de la transmettre au général Crouzat, j'éprouvai une indignation que je ne pus maîtriser. J'allai trouver le général Borel, et je lui dis : « Voilà de quelle manière M. de Freycinet écrit à un général, je ne transmettrai pas cette lettre à Crouzat, c'est un assassinat. Crouzat n'a fait que remplir un devoir en éclairant le ministre sur les besoins de son corps d'armée. »

Mais ce n'était qu'un duplicata. Le général Crouzat l'avait reçue directement et en fut cruellement affecté.

Le général Durieu, sur un rapport de M. de Serres, qui l'accusait de critiquer les ordres qu'il recevait par son entremise, fut brutalement privé de son commandement et mandé à Tours; mais il se donna la consolation de « faire entendre de dures vérités aux membres du Gouvernement, où il n'y avait pas un soldat, et leur reprocha les malheurs que leur ignorance des choses de la guerre, leur présomption et leur politique d'expédients ne pouvaient manquer d'attirer sur la France. »

Il fut destitué et en éprouva un tel chagrin que sa raison en resta ébranlée.

Ce fut bientôt le tour du général d'Aurelles. Le 2 décembre 1870, l'avocat Gambetta lui donna une dernière preuve de confiance, que je vais rapporter textuellement, parce qu'elle fait voir dans toute sa splendeur, l'outrecuidance du tribun :

« J'avais dirigé jusqu'à hier les 18ᵉ et 20ᵉ corps, et par moments le 17ᵉ. Je vous laisse ce soin désormais.

» GAMBETTA. »

Trois jours après, le 5 décembre, dépêche du ministère de la guerre à tous les préfets, avec injonction de lui donner la plus grande publicité :

« On ne sait ce qu'est devenu le général d'Aurelles, on dénonce à mots couverts la trahison probable. »

Et, entre autres préfets, M. Gent, préfet de Marseille, n'admet pas les insinuations, il fait afficher une proclamation où il dénonce la troisième trahison, celle du général d'Aurelles, « un chef que nous avons appris à connaître », qui s'est enfui en abandonnant son armée.

En même temps, le général d'Aurelles reçoit de

M. Freycinet sa destitution. On lui ordonne de remettre son commandement. Le lendemain, il fallut démentir la fameuse trahison et prier d'Aurelles de rester; mais il refusa de continuer à obéir inutilement aux avocats et aux ingénieurs.

Cette ingérence d'ignorants et outrecuidants « pékins » dans une guerre aussi grave a coûté, — répétons les paroles de M. Thiers, — a coûté à la France la moitié de ses pertes en hommes, en territoire et en argent.

Le général d'Aurelles de Paladines, jeune encore et très vigoureux, ne tarda pas à mourir de fatigue et surtout de chagrin.

Durieu est devenu fou.

Bourbaki s'est brûlé la cervelle.

C'est ainsi que, en 1793, le général de Custine, qui venait d'obtenir une brillante suite de succès, tracassé, harcelé, dénoncé par des commissaires civils, fut guillotiné à Paris.

C'est ainsi que Dumouriez, qui avait remporté les premières et les brillantes victoires de Jemmapes et de Valmy, ennuyé, agacé, exaspéré par les prétentions insolentes des commissaires de la Convention, les fit prendre par les hussards et en fit présent aux Autrichiens, qui les gardèrent trois ans.

Après quoi il quitta l'armée et, plus mollement que Custine, passa le reste de sa vie chez les ennemis de la France, en même temps que Louis-

Philippe d'Orléans, le grand-père du comte de Paris qui, tout jeune alors, avait eu une part si glorieuse aux victoires de Jemmapes et de Valmy, était obligé également de quitter l'armée pour sauver sa tête. Mais, lui, il alla en Suisse donner des leçons de mathématiques et gagner ainsi douze cents francs par an, qui lui suffirent pendant longtemps.

Et, ô Cassandre! tu rappelles M. de Freycinet aux affaires; M. de Freycinet complice de M. Ferry pour la guerre du Tonkin; complice de l'avocat Gambetta dans la dernière moitié de la guerre de 1870, — on ne vous accusera pas de chercher à séduire l'armée.

LES DEUX CASSANDRE

Cassandre, fille de Priam, fut aimée d'Apollon, auquel elle demanda le don de prophétie à des conditions qu'ensuite elle refusa de remplir. Apollon, qui avait juré par le Styx, ne pouvait reprendre son don, mais il se vengea en y ajoutant ceci : qu'on ne croirait jamais un mot de ce qu'elle pourrait dire.

Cassandre était une de ces coquettes qui mettent la vertu à acheter tout ce qu'elles désirent, en signant des billets qu'elles se réservent de ne pas payer à leur échéance.

C'est surtout l'emblème d'un homme qui, sacré poète par le dieu des vers, se laisse entraîner à la prose et à la politique.

Ille ego qui quondam.....

Et... tant pis pour lui.

CASSANDRE est un personnage de l'ancienne comédie italienne. Il a quelquefois changé de nom; on l'a appelé tour à tour Géronte, Ganache, Gogo, père Dindon, etc.; mais c'est toujours le bonhomme crédule, dupe facile de tous les intrigants; c'est le δῆμος d'Aristophane, — peuple, — c'est aussi le « Prudhomme » d'Henry Monnier, en y ajoutant ce que les romantiques peintres et poètes de 1830 appelaient « le bourgeois ».

CASSANDRE, *la prophétesse*. — Eh bien, mon pauvre Cassandre?

CASSANDRE, δῆμος. — Eh bien, ma bonne Cassandre?

CASSANDRE, *la prophétesse*. — Qu'est-ce que je t'avais dit?

CASSANDRE, δῆμος. — J'ai eu besoin de l'oublier, vu que ça n'était pas amusant.

CASSANDRE. — Oh! vous êtes tous comme cela, tous les Cassandre; votre mémoire ne remonte jamais à plus de trois mois : ce qui s'est passé il y a six mois n'est peut-être pas vrai; ce qui s'est passé il y a un an ne s'est pas passé du tout.

» Eh bien, je vais te le dire, c'était en 1841 :

» Les bourgeois — *toi!* — se sont accoutumés pendant la Restauration, de 1815 à 1830, à attaquer la royauté; aujourd'hui ils sont comme la chatte métamorphosée en femme, qui voit une souris et se jette à quatre pattes sous son lit pour la poursuivre ; ce n'est pas que vous haïssez beaucoup le roi que vous avez, mais l'attaquer ça a l'air intrépide et ça n'est pas dangereux.

» Loin de là, vous devriez vous relayer autour du roi Louis-Philippe pour défendre de tout ce que vous avez de courage et de sang chacun des poils de sa barbe, car si vous le laissez renverser, vous êtes perdu à jamais, on ne vous en donnera pas un autre de cette espèce. »

CASSANDRE, δημος. — Oui, je me rappelle que tu m'as dit ça.

CASSANDRE, *la prophétesse*. — Et aujourd'hui, je te dis :

» A ce roi, la France a dû dix-huit années paix de féconde, avec une dose suffisante de gloire militaire en Belgique et en Afrique surtout, devenue une pépinière d'illustres généraux et de bons et braves soldats. Pendant ces dix-huit années la France a été heureuse, riche, respectée, aimée. Les sciences, les arts, l'industrie, la littérature, etc., ont resplendi d'un si vif éclat qu'il serait bien difficile de trouver dans l'histoire de France dix-huit autres années aussi prospères, aussi belles, aussi fertiles... Et aujourd'hui ?

CASSANDRE, δημος. — Aujourd'hui... nous avons la République ; la République ne va pas très bien.

CASSANDRE, *la prophétesse*. — Il s'agit bien

de la République! c'est la France qui est malade : je te l'avais dit...

CASSANDRE, δημος. — Il y a quelque chose qui nous console facilement des malheurs de nos meilleurs amis, c'est de pouvoir leur dire : « Je vous l'avais bien dit »; du moins je vous ai entendu vous même exprimer cette pensée.

LA CASSANDRE. — Vous avez bien de la mémoire aujourd'hui, je vais tâcher d'en profiter. Êtes-vous encore républicain?

LE CASSANDRE. — Oui, certes, mais républicain... modéré.

LA CASSANDRE. — Ah! malheureux, ah! enragé, ah! scélérat de modéré! c'est vous, criminels jobards, qui faites tout le mal, c'est vous qui jetez la planche sur le fossé qui sépare le gouvernement de l'anarchie, la civilisation de la sauvagerie; c'est vous qui salissez et usez vos culottes à grimper au mât qui porte la tyrannie à son sommet, et à enlever le suif qui le rendait trop glissant pour les intrigants, qui, après que vous l'avez frotté et essuyé, peuvent y grimper et atteindre leur but. Et vous vous croyez en république?

LE CASSANDRE. — Mais, dame!

LA CASSANDRE. — Excepté que ce qui règne en ce moment est précisément tout le contraire de la République. Mais ce n'est pas vrai, ô Cassandre! tu n'es pas plus républicain aujourd'hui que tu ne l'as été en 1793, en 1848, en 1870. Tu n'es pas un esclave qui veut briser des chaînes, tu es un domestique capricieux qui aime à changer de maître, et tu es, au fond, essentiellement monarchique et idolâtre inconstant ; de tes fétiches d'un jour tu ne manques jamais de faire des rois, et souvent des dieux, que tu remplaces sans cesse par d'autres rois et d'autres dieux, auxquels tu permets et tu donnes tout. Ça vient et ça part comme une mode, ainsi que pour les gilets et les pantalons. En 1793, tu as fait succéder au roi Louis XVI assassiné le roi Robespierre ; à Robespierre, trop tard guillotiné, le roi Napoléon, puis Louis XVIII. Plus tard et de notre temps le roi Ledru-Rollin, le roi Caussidière, puis le roi Napoléon III ; puis le roi Thiers, le roi Louise Michel, le roi Gambetta, le roi Ferry...

LE CASSANDRE, δημος. — Ah! Cassandre, ma mie, ne dis pas le roi Ferry... Vois comme je viens de chasser ce drôle, comme je le traite, comme je le traîne, comme je l'engueule !

LA CASSANDRE. — Depuis qu'il est tombé... Mais, mon pauvre Cassandre, vous présentez en ce moment un spectacle bien écœurant. Je dis vous, car vous êtes légion ; vous étiez hier la majorité. Eh bien ! entre ceux que la lâcheté, l'avidité et la bêtise soumettaient à cet homme, et qu'on croyait tombés au dernier degré de la lâcheté, de l'avidité et de la bêtise, il y en a qui ont trouvé moyen de se montrer plus lâches, plus avides et plus bêtes que les autres. Ce sont ceux qui, le voyant par terre, ont voté contre ce coquin, laissant une sorte de singulière supériorité aux quelques-uns qui lui ont fait l'aumône d'un dernier vote platonique et impuissant, et ont poussé la pudeur jusqu'à l'héroïsme, en réclamant loyalement leur part légitime des coups de pied au derrière.

LE CASSANDRE. — A bas Ferry!

LA CASSANDRE. — Oui : à bas Ferry! c'est-à-dire que vous lui faites jouer le rôle de bouc émissaire chez les juifs. Ce bouc, appelé Hazazel, était orné d'une longue bande rouge, de même que Ferry se disait républicain; le grand-prêtre faisait sur sa tête une confession de toutes les iniquités d'Israël, dont par cette cérémonie le bouc était chargé; puis on chassait le bouc au désert, où il emportait toutes les sottises, tous les crimes de l'année : ainsi est parti Hazazel-Ferry, après que vous lui avez mis sur le dos tout ce que vous avez commis avec lui de sot, de criminel, de parricide contre la France, et vous vous présentez comme dûment purifiés et comme des petits saints.

LE CASSANDRE. — Il n'en est pas moins vrai que nous sommes débarrassés de ce « pelé », de ce « galeux », comme dit La Fontaine.

LA CASSANDRE. — La Fontaine dit aussi que ce « pelé » n'était pas le plus coupable, et les plus coupables, en effet, sont ceux qui lui ont permis d'étaler son incapacité, son ignorance, sa vanité, sa sottise, son égoïsme, son avidité, et qui l'y ont aidé : c'est Cassandre-Grévy, c'est toute la tribu, c'est la majorité des Cassandres, et ce n'est pas seulement Ferry, c'est toute cette majorité de Cassandres qui doit être, avec un chiffon rouge aux cornes, envoyée au désert avec lui.

LE CASSANDRE. — Ferry renversé, vous allez voir, ma bonne Cassandre, comme tout va bien aller.

LA CASSANDRE. — Tout ira bien! Oui, grâce à votre manie de personnifier en un homme l'idée ou plutôt la mode du moment et de faire de cet homme un dieu jusqu'à ce que vous le jetiez à l'égout.

» Vous venez de casser votre dieu Ferry, et voici que vous allez, triple jobard, adorer le dieu Clémenceau, le dieu Freycinet, le dieu Ranc, le dieu Spuller, le dieu Brisson, le dieu Constans, etc.

» Vous trouvez tout naturel et même assez heureux de voir revenir au pouvoir M. Freycinet, que vous avez deux fois jeté à bas.

» Mais, je vous l'ai reproché bien des fois, et toujours sans être crue ni même écoutée, ô mon cher petit peuple, comme dit Aristophane, δημοχιδῖον; tu n'as pas plus de mémoire pour tes fétiches, tes grands hommes, tes exploiteurs, que pour tes vieilles culottes. Aussi personne n'est jamais tout à fait perdu en France. Et, je dirai plus, vous avez tort d'injurier si fort Ferry : ça n'est pas prudent ; il reparaîtra quelque jour, et vous le laisserez remonter au pouvoir.

» Veux-tu, mon pauvre Cassandre, que je me souvienne pour toi et que je te parle de M. Freycinet, que M. Grévy a d'abord chargé de former un ministère ?

LE CASSANDRE. — M. Freycinet est un homme qui... certainement... les capacités...

LA CASSANDRE. — Laisse-moi parler. Je sais bien que tu ne m'écouteras pas ; mais ça m'est égal, j'y suis habituée.

» La France est, paraît-il, tellement ruinée et indigente d'hommes de valeur, qu'on ne peut confier ses destinées qu'à une douzaine d'hommes ayant fait leurs preuves de médiocrités et de quelques autres dons pires que la médiocrité, lesquels arrivent successivement aux affaires, escortés d'une troupe d'affamés, semblables aux vautours qui suivent le lion chassant, pour profiter des débris de sa table. On voit, après un certain temps, reparaître ceux qui ont été renversés ou chassés plus ou moins honteusement.

Parenthèse. — Cela me rappelle l'histoire de deux redingotes que j'avais dans ma rude jeunesse : la plus vieille, qui était verte, avait été mise au rebut, au fond d'une armoire ; mais la noire qui lui avait succédé devint si vieille à son tour, qu'un jour, ayant par hasard revu l'ancienne, je la trouvai moins déplorable que celle que je portais. Il faut dire que le repos rajeunit les habits et les plumes. Cependant c'était surtout la comparaison qui me fit reprendre la redingote verte, qui me sembla très présentable; mais au bout de quelque temps elle montra tellement la corde, que je revins à la noire, qui, à côté d'elle, semblait décente et dont je me parai après avoir passé un peu d'encre sur les coutures blanchies, et puis, plus tard, je revins à la verte.

Fermez la parenthèse.

LA CASSANDRE. — Il semble que la politique, c'est-à-dire le gouvernement de la France, appartient à Macaire, à Bertrand et au baron de Wormspire. Quand Macaire est au pouvoir, Bertrand et Wormspire se liguent contre lui et le renversent. Macaire à bas, Wormspire le remplace: alors Macaire se joint à Bertrand pour le jeter à la voirie. Quand c'est Bertrand qui est juché, Wormspire et Macaire s'unissent contre lui; et toujours comme ça depuis bientôt un siècle, et plus effrontément depuis 1870; d'autres que Macaire, Wormspire et Bertrand, il n'y en a pas.

» Ferry est renversé par vous pour cette sottise criminelle de la guerre du Tonkin ; mais vous autres, les Cassandres, vous avez voté cette guerre.

LE CASSANDRE. — Écoutez donc, dame Cassandre, c'est que c'est agréable pour nous de lire le matin dans « le journal » que NOUS moissonnons des lauriers de l'autre côté de la terre, de lire que nous sommes toujours « le grand peuple », le peuple toujours vainqueur, car enfin ce peuple c'est moi ou du moins j'en fais partie.

LA CASSANDRE. — Ah ! voilà ! les Français sont comme les Athéniens, et Aristophane leur disait dans sa comédie des *Acharniens* : « Quelque mauvaise cause qu'un orateur ait à plaider, quelques misérables que soient ses arguments, quelque vide que soit sa faconde, il est certain du succès s'il vous appelle « Athéniens couronnés de violettes, Αθηναιοι ιοστεφανοί », aussitôt vous devenez si aises, si légers, que vous restez à peine assis. »

» Je ne puis traduire littéralement sa phrase qu'en latin : επ' ακρωντων πυγιδιων, *in primoribus natibus sedebatis.*

» J'ai connu un pauvre diable que la fortune avait rigoureusement condamné, il était à la fois parasite et vaniteux. A la table d'un de ses patrons, il décrivait comme donnés par lui et chez lui les dîners auxquels il avait été admis, chez un autre.

» Vous aimez, pauvres Cassandres, du fond de vos boutiques ou de vos salons, à cueillir des lauriers, comme on fait « faire ses foins », par des faucheurs de profession... Vous oubliez, n'ayant aucune mémoire, ce que ça vous a coûté d'être si vainqueurs :

13.

vous oubliez dans quel état Louis XIV, le roi des rois avait laissé la France; vous oubliez les millions de cadavres français dont Napoléon Ier, plus sérieusement guerrier, capitaine et vainqueur que Louis XIV, avait jonché le monde, et les deux invasions étrangères qui ont été le dénouement de sa terrible épopée. Je ne vous parle pas de Napoléon III. — Avez-vous seulement pensé que la guerre, pour être moralement et philosophiquement acceptable, doit être non pas seulement utile, ce ne serait pas une excuse suffisante, mais nécessaire et obligée?

» En quoi était-il utile d'aller « conquérir » des terres dans l'extrême Orient lorsqu'un tiers aujourd'hui des terres de la France n'est plus cultivé? C'est là, c'est en France qu'il faudrait faire des colonies, en renvoyant à la terre ces armées de maçons et d'ouvriers en tout genre, si follement multipliées que vous ne pouvez plus les nourrir. Si vous aviez laissé tous ces pauvres soldats, si bravement morts au Tonkin, à leurs familles et à la terre; si vous aviez appliqué à l'agriculture les millions dépensés sottement pour cette guerre, vous auriez alors montré du bon sens et un patriotisme bien entendu. En quoi, au fond, est-il nécessaire, est-il glorieux, d'aller tuer ces Chinois qui ne vous ont jamais fait de mal, qui ne pouvaient jamais vous en faire, et qui ont aussi des mères, des femmes et des enfants? Tu n'y as pas seulement songé. Ce sont « les ennemis ». Toi, ô Cassandre! si bienveillant, si tendre pour les assassins quand tu es juré, d'où vient ton ardente haine pour ces gens de là-bas, que la Providence avait séparés de toi de toute l'épaisseur de la terre? Ne valait-il pas mieux réserver la bravoure de nos soldats pour le cas d'une invasion?

» Mais on vous mène par le nez avec des phrases creuses, ô grand peuple, ô le plus grand et le plus spirituel des peuples! peuple toujours vainqueur, peuple roi, peuple libre, mets-toi à genoux comme un chameau pour qu'on te charge et te surcharge. Et tu laisses s'intituler « patriotes » ces farceurs qui te bernent, te dépouillent et te déshonorent.

LE CASSANDRE. — Eh quoi! tous ces orateurs de l'extrême gauche et de la gauche et de l'Union et de tous les groupes républicains ne seraient pas des hommes enflammés de patriotisme ?

LA CASSANDRE. — Mais malheureux, regarde-les donc! Hazazel-Ferry a envoyé au désert, notre petite armée entourée de millions d'ennemis en Cochinchine. — Ces patriotes font-ils un moment taire leur ambition, leur avidité, leur vanité, pour se hâter d'un commun accord de venir au secours de nos soldats si follement engagés? Non, avant de prendre les mesures, ils se disputent cyniquement les lambeaux de l'épave du naufrage Ferry. — Maudits soient ces hypocrites qui ont commis sans que tu t'en indignes, l'horrible crime de retarder, fût-ce d'un quart d'heure le secours qu'on demande et qu'on attend là-bas !

» Sais-tu ce que c'est que leur patriotisme ? Je vais te le dire : il y a quelque temps, dans la rue, tombe, frappé d'apoplexie, un bourgeois cossument vêtu, chaîne d'or, diamants à la chemise, bagues aux doigts, etc. La foule s'amasse, un individu fend la presse, en s'écriant : — Ciel ! mon père, mon pauvre père ! Tu étais là, Cassandre, et tu dis : — Ah ! c'est le fils, il est bien désolé, ça a l'air d'un bon fils. — Au nom du ciel ! dit l'orphelin, vite une voiture, que je le ramène chez nous, auprès de ma malheureuse mère. C'est toi, ô Cassandre, qui arrêtes un fiacre qui passe et qui aides le fils désolé à y mettre son père et à monter avec le cadavre. Le fils donne une adresse assez éloignée, et tu regardes d'un œil humide le fiacre s'éloigner ; pendant ce temps-là, l'orphelin ne perd pas de temps, il fouille le mort, prend sa montre, sa chaîne, ses bagues, ses boutons de chemise, son porte-monnaie. On arrive à l'adresse qu'il a donnée, laquelle n'est pas l'adresse du défunt, qu'il ne savait pas plus que toi, mais celle d'une maison à deux portes qu'il connaît ; il descend chargé de son héritage et dit au cocher : — Attendez-moi, que j'aille prévenir ma malheureuse mère. Il entre par une porte et sort par l'autre ; le cocher l'attend pendant une heure et va porter le corps chez le commissaire.

» Dans la triste situation où est aujourd'hui la France, il semble que ces scélérats qui se sont emparés du pouvoir soient payés pour la livrer sans argent et sans armée à la discrétion de n'importe quel voisin ambitieux.

» Est-ce un changement de ministère qui nous sauvera ?

» Est-ce tel ou tel groupe, telle ou telle coterie ! Le vaisseau, échoué sur un récif, ouvre une large voie à l'eau.

» Est-ce avec la veste de Ferry que vous la boucherez ?

» Est-ce avec ses barbiches, — en le remplaçant par M. de Freycinet, qui n'est qu'un Ferry sans barbiches ?

» Mais Freycinet ou Floquet, ou Brisson, ou Margue, ou n'importe qui, quelle autorité peut avoir cette Chambre qu'on a appelée « horizontale », quelle autorité ces hommes si incapables, si ignorants, si avides, si vaniteux !

» Un moment M. Grévy, sur l'impuissance à former un ministère avec M. de Freycinet, s'est adressé à M. Constans.

» Ah ! Cassandre, lorsque tu étais encore bon enfant, gai, heureux, comme tu aurais ri du choix de M. Constans; que ton esprit gaulois s'en serait donné !

» Le citoyen, le républicain Constans a déjà été au

pouvoir, mais avant d'être au pouvoir il avait été directeur malheureux d'une entreprise de vidanges qui n'avait pas réussi. Que de lazzi tu aurais commis ! — Constans, en effet est un homme de « cabinet », il faut que nous soyons bien tombés dans « l'ouvrage » pour qu'on s'adresse à Constans, etc.,

» Quoique je haïsse ce genre de facéties, je ne puis m'empêcher de faire une remarque, c'est qu'Aristophane, mon compère puisqu'il est le parrain d'un de mes enfants, fait dire dans la comédie de la *Paix*, qui représente une situation analogue à celle où nous nous trouvons, fait dire à un de ses personnages : — Au secours ! à moi les vidangeurs ! ανδρε κοπρολογοι, προσλαβεσθε.

» Mais parlons sérieusement, ce n'est pas en changeant de ministres qu'on nous sauvera. Si M. Grévy était autre chose que ce qu'il est, voici ce qu'il aurait fait : il aurait cessé de chercher des ministres ; il aurait appelé deux hommes, un général et un amiral, n'ayant ni l'un ni l'autre trempé dans la pseudo-République. Il serait allé à la Chambre assemblée, et à l'exemple de Cromwell à l'égard du Parlement croupion, il aurait dit aux députés : Allez-vous-en ! Puis, les députés sortis, il aurait mis la clef dans sa poche. Avec le général et l'amiral, sans perdre un instant, il aurait avisé aux affaires du Tonkin ; puis, l'Assemblée des représentants dissoute, il aurait fait appel au pays pour de nouvelles élections, en disant :

« La première proposition que je ferai à la nouvelle Assemblée sera de me mettre en jugement. » Et je me trompe fort si la nouvelle Assemblée n'aurait pas débuté par rendre des actions de grâces à M. Grévy, qui alors laisserait un nom dans l'histoire, où autrement il n'aura que des sobriquets.

PETITS PAPIERS

Tantôt en me promenant ou en travaillant au jardin, tantôt glissant ou flânant en pêchant sur la mer, tantôt encore parcourant les bois de pins et d'arbousiers pour épier la première floraison en janvier de ces grandes bruyères blanches qui exhalent au loin un suave parfum d'amande et de vanille, il me vient à l'esprit quelques germes ou embryons de réflexions, de pensées, d'aperçus que je griffonne en quelques mots sténographiquement sur quelque chiffon de papier. En rentrant, je jette ces morceaux de papier dans un panier placé sous ma table, et de temps en temps j'en prends une poignée.

C'est ce que je fais aujourd'hui; ces bouts de papier n'ont aucun lien entre eux, si ce n'est qu'ils disent sincèrement, franchement, parfois effrontément, sur les sujets venant au hasard ce que je crois le vrai, le juste, le bon, le beau et l'utile.

On parle beaucoup en ce moment du scrutin de liste et du scrutin d'arrondissement; quel est de ces deux modes celui qui présidera aux futures élections?

Quoi que j'aie dit en d'autres temps, 1848, et ailleurs publié mes idées à ce sujet, j'avoue aujourd'hui que la question m'intéresse médiocrement.

Ce débat entre les diverses fractions de la majorité et le gouvernement, me fait l'effet d'une dispute entre joueurs quelque peu grecs, qui discutent à quel jeu on jouera le payement d'une ripaille qu'ils ont faite ensemble.

— Moi, dit l'un, je veux jouer la « consommation » aux cartes, parce que je suis habile à faire sauter la coupe et à retourner le roi.

— Moi, dit l'autre, je préfère le cornet et les dés, parce que j'ai dans ma poche de jolis petits dés pipés sur lesquels je puis compter.

Et soyez persuadés que ni d'un côté ni de l'autre il n'existe aucune autre raison de se prononcer pour le scrutin de liste ou pour le scrutin d'arrondissement.

Lorsqu'il fut question de l'amnistie pour les déportés, complices à divers degrés de l'assassinat des otages et de l'incendie de Paris, je demandai s'il ne serait pas juste et sage, avant de leur accorder l'amnistie, de savoir s'ils nous l'accordaient de leur côté.

Lundi gras, à l'enterrement de Vallès, une réponse a été faite à cette question.

Les membres de la Commune, les assassins des otages, les incendiaires de Paris, amnistiés par nous, ne nous ont pas amnistiés; ils ont traversé Paris, enseignes déployées, criant : Vive la Commune! et avouant franchement que leur désir, que leur espoir est de recommencer le plus tôt possible.

Je ne sais s'il est prudent de compter, pour nous défendre d'un retour de ce sanglant carnaval, sur ce qu'on appelle si *improprement* le pouvoir, composé de gens dont la Commune a fait la fortune, qui se sont servis des communards comme de la queue menaçante du scorpion, les ont flattés, caressés, et, disons le mot, exploités et un peu trahis, mais n'hésiteraient pas à se rattacher à eux, s'ils pouvaient espérer de les embobiner encore, tandis que ceux-ci ne reculeraient pas devant une alliance momentanée qu'ils prêchent dans leurs clubs. — Paris commence-t-il, de ce lundi gras, à voir clair, et la France après Paris?

Quelques femmes se sont présentées devant un juge de paix de Paris, sous la conduite du citoyen Alix, qui a eu, il y a quelques années, un moment de notorité en essayant de remplacer les télégraphes et le téléphone par des escargots sympathiques qu'il avait dressés pour en faire des sortes de fonctionnaires publics; l'expérience ne réussit pas, soit que le citoyen Alix se fût trompé sur les facultés et la mission des colimaçons, soit que le nombre des aspirants aux fonctions rétribuées se soit opposé à l'introduction de nouveaux concurrents.

J'ai trouvé un peu humble et inconséquent de la part des citoyennes en question, l'idée de se faire accompagner et protéger par un homme; c'était reconnaître ce qu'elles nient, la prééminence du sexe laid et soi-disant fort.

Elles venaient sommer le juge de paix d'inscrire leurs noms sur la liste des électeurs, le juge de paix a refusé.

Je ne vois pas clairement pourquoi les femmes ne voteraient pas aussi bien ou aussi mal que les hommes : y ont-elles moins d'intérêt? Elles y ont le plus puissant de tous, le sort et l'avenir de leurs enfants. Serait-ce par défiance de leur intelligence qu'on leur refuserait le droit au vote? C'est tout à fait faux, la femme naît mieux douée que l'homme, elle sait naturellement ou elle devine tout ce qu'elle a besoin de savoir pour remplir la mission qu'elle a reçue de la Providence; l'homme, plus éducable, apprend plus qu'elle, mais apprend au moins autant de sottises, de mensonges, de billevesées que de sagesse, de vérités et d'appréciations justes; voyez les ménages d'ouvriers, dont il faut tenir grand compte quand il s'agit du suffrage universel, c'est-à-dire de la loi du nombre : les ménages qui prospèrent, qui vivent dans l'aisance et élèvent convenablement leurs enfants, sont ceux où la femme, je ne dirai pas commande, mais gouverne; de plus, elle n'a pas le cabaret, le café, les orateurs qui rendent son mari si bête, et parfois si sauvage.

Mais quel résultat obtiendrait-on en doublant le nombre des votants?

L'expérience ne nous a-t-elle pas cruellement démontré combien avaient raison les grands hommes qui ont dit :

Cicéron : Il importe, dans toute constitution d'État, de ne pas laisser le pouvoir au nombre, *ne plurimum valeant plurimi.*

Senèque : Le mieux ne plaît pas au grand nombre. Si vous voulez savoir le pire, voyez le choix de la multitude, *argumentum pessimi turba est.*

Montesquieu : Les têtes s'étrécissent quand elles sont rassemblées.

D'autre part, je dois compléter cette appréciation que j'ai énoncée tout à l'heure :

Les femmes devinent tout...

En ajoutant :

— Elles ne se trompent que quand elles réfléchissent.

Et alors elles se trompent à coup sûr.

Une des causes de leur supériorité en énergie et en dévouement, c'est que leur esprit ne voit qu'un côté des choses à la fois, et n'en fait pas le tour.

Une plus forte objection encore, c'est la présence et la vue des femmes qui réclament les droits politiques.

Presque toutes des femmes mûres, des vierges au moins de nom et laides ou vieilles, des femmes séparées de leurs maris, sans enfants, sans ménage, cœurs sans ouvrages, nuits solitaires, journées oisives, c'est-à-dire n'ayant le loisir de s'occuper des questions publiques que parce qu'elles n'ont pas à remplir ou s'ennuient de remplir les devoirs et le rôle que leur a assignés la Providence, voulant voter elles-mêmes directement parce qu'elles sont forcées de reconnaître qu'elles n'ont pas ou n'ont plus le charme qui leur permettrait de faire voter les hommes à leur fantaisie, car rien n'est si puissant, souvent même si despotique que la prétendue soumission, que l'obéissance convenue de la femme,

> Qui se fait ordonner ce qui lui fait plaisir.

Quelle soupe mangeront les maris et les enfants, le jour où les femmes exerceront des droits et des devoirs politiques? Quelle cloche dans les assemblées remplacera la sonnette actuelle du président pour obtenir le silence?

Comment les femmes électeurs, éligibles, éviteront-elles les réunions publiques ou privées? puis de là, le café, la brasserie, le cabaret même? Elles commenceront par y boire de l'eau sucrée et du sirop de groseille, puis tout doucement passeront au café, du café au gloria et à la rincette, de la rincette au « mêlé-cassis », à l'eau-de-vie, à l'absinthe, et à la profonde bêtise qu'engendrent ces philtres mêlés aux élucubrations des orateurs.

Examinez les types qui se mettent en évidence, voyez ce que, pour devenir citoyenne, il leur a fallu dépouiller de la femme.

Mais attendu que les femmes, surtout dans la classe la plus nombreuse, ne sont pas, tant s'en faut, moins intelligentes que les hommes, attendu qu'elles ont autant d'intérêt et par conséquent autant de droits que les hommes, en leur qualité de mères, à ne pas laisser les soi-disant représentants du peuple faire trop de folies et de bêtises, et qu'il est juste, en conséquence, de traiter les deux sexes sur le pied d'une parfaite égalité ;

Mais, attendu en même temps qu'une triste expérience nous a appris que plus il y aurait d'électeurs, plus on déciderait d'insanités, et on ferait des choix absurdes et dangereux ;

Décidons : ou les hommes et les femmes ne voteront ni les uns ni les autres; ou, mieux encore, pour contenter les femmes sans dépouiller les hommes, on ferait voter tout le monde, hommes, femmes et enfants, et le résultat de ce vote serait de choisir définitivement les hommes et les idées qui réuniraient le moins de voix, en donnant *de plano* la préférence aux idées et aux hommes qui n'en obtiendront pas du tout.

Le gouvernement — si j'ose m'exprimer ainsi à l'égard des gens qui détiennent le pouvoir — le gouvernement vient d'être obligé de destituer trois ou quatre sous-préfets qui n'ont pas su exécuter légalement la loi du tirage au sort pour le service militaire.

Cette ignorance, cette incapacité des fonctionnaires n'est pas nouvelle : elle existe depuis qu'on n'arrive pas aux fonctions en gravissant les échelons depuis le premier, à l'exemple de tant de généraux et de maréchaux du premier empire qui avaient été simples soldats, et qu'on donne les places aux soi-disant républicains, sans leur demander d'autres conditions que d'être prêts à tout pour servir les intrigues ou le despotisme des maîtres, depuis qu'on y tombe comme « une pluie de crapauds ». Mais ce qui est nouveau, c'est le résultat poussé à ce degré déplorable.

Et voici pourquoi on atteint ce résultat.

Depuis bien longtemps l'administration civile et politique était mise en mouvement par une organisation mûrement étudiée, pratique, logique.

Quand on changeait un ministre, un préfet, un sous-préfet, il importait peu, au point de vue administratif, qu'il fût presque aussi ignorant et incapable, ce qui était rare, que le sont ceux d'aujourd'hui. L'administration était un de ces anciens tournebroches mis en mouvement par un chien. Le tournebroche était bien fait; qu'on y mît un dogue, un caniche, ou un basset, le chien n'avait qu'à remuer les pattes et la broche tournait. Les affaires se trouvaient faites selon des traditions respectées par des employés subalternes dont les maigres émoluments n'excitaient pas l'envie, et ils vieillissaient et mouraient en faisant à bon marché profiter le pays de leur correcte et routinière expérience.

Mais, aujourd'hui, à cette époque de curée perpétuelle, il y a tant de victimes de ceci, tant de héros de cela, tant de dévouements affamés, tant de complicités altérées, les uns à payer, les autres à acheter, tant de si furieux aboiements, tant de gueules béantes à faire taire en les remplissant, que les plus humbles fonctions, les places le moins rétribuées, doivent être prises et données en promettant mieux pour plus tard.

De sorte qu'il n'y a plus de ces employés conservant ces traditions ou au moins ces routines; de sorte que le tournebroche est détraqué; que le ministre, que le préfet, que le sous-préfet ont beau remuer les pattes, la broche ne tourne plus.

Aussi bien, au train dont vont les choses, il n'y aura bientôt plus rien à rôtir.

Sous l'empire, je parle du dernier, un préfet, ayant commis la même faute, c'est-à-dire, par son ignorance, ayant diminué d'un homme le contingent de son département, fut non seulement destitué, mais encore condamné à payer un remplaçant qui compléta le contingent et lui coûta trois mille francs. En république, je dis en vraie république, le préfet ou le sous-préfet coupables de cette bévue devraient personnellement remplacer l'homme qui manquerait sous les drapeaux.

Il n'est que trop prouvé et trop évident que l'homme n'arrive au simple et au vrai qu'après avoir épuisé toutes les combinaisons du compliqué et du faux.

Vu la quantité de ces combinaisons du compliqué et du faux que nous avons vues passer, on pouvait espérer que nous ne tarderions pas à en voir le bout et la fin.

Mais cet espoir même doit être abandonné; l'incapacité, la stérilité des esprits est telle aujourd'hui, qu'on ne se donne plus la peine de chercher à inventer des folies, des bêtises et des modes nouvelles; on fouille comme font les chiffonniers dans les tas d'ordures où ont été jetées successivement les folies, les bêtises et les modes défraîchies et abandonnées, et on recommence le cercle.

Ce n'est pas la première fois que sévit en France l'anglomanie. On n'a pas oublié ce marquis qui, revenant de Londres et interrogé par le roi Louis XVI sur ce qu'il y avait fait, répondit : « J'y ai appris à penser. — A panser les chevaux, » répliqua le roi en haussant les épaules; ni cet autre qui, escortant à cheval la voiture du roi Louis XV, je crois, et faisant jaillir de la boue, en fut averti par le roi qui lui dit: « Mais, M. X..., vous me crottez, » et qui entendant : vous trottez, répondit : « Oui, sire, à l'anglaise. » Aujourd'hui, la partie de la société qui se plaît à être désignée par un certain nombre de barbarismes, le chic, la gomme, le v'lan, le pschutt, etc., se fait habiller à Londres; les plus avancés même y font blanchir leur linge.

Il faut croire que les Français de ce temps-ci ont une si prodigieuse quantité d'idées que la langue française, qui suffisait encore pendant tout le XVIIe et le XVIIIe siècles à tant d'écrivains qui n'étaient pas sans mérite, tels que Corneille, Racine, Rousseau, Voltaire, Diderot, etc., et à tant de gens du monde qui n'étaient pas sans esprit et dont la liste serait longue, leur paraît aujourd'hui tout à fait pauvre et insuffisante et qu'ils sont obligés, pour exprimer la surabondance de leurs idées, d'avoir recours à la langue anglaise. Je constaterai seulement qu'il est entré aujourd'hui dans la langue française, pour venir à son secours, deux mille mots, barbarismes et emprunts à la langue anglaise, dont je ne comprends pas un seul. Je remarquerai aussi qu'il est malheureux, puisque l'indigence de la langue française l'exigeait, qu'on se soit adressé à la langue anglaise et non à la langue allemande, qui est beaucoup plus belle, et à la langue italienne, qui est infiniment plus agréable.

La pauvre langue française est menacée, je parle de celle du xvi°, du xvii°, du xviii° siècle, de ne plus bientôt exister qu'à l'état de langue morte et de langue savante. Les journaux, certains journaux surtout, y contribueront beaucoup.

Quand on s'est décidé à payer les députés, je me suis permis quelques objections ; j'ai prévu la furie avec laquelle allaient se jeter sur les mandats salariés les avocats à la serviette vide, les médecins à la sonnette muette ; j'ai prévu aussi que ces oisons déclarés aigles, s'envolant à Paris, voudraient s'amuser ou faire des affaires pour augmenter leur rétribution, et non seulement ne se livreraient à aucun travail pour suppléer à leur ignorance au moins relative ; mais ne se piqueraient pas d'exactitude aux séances de la Chambre; de là plusieurs graves inconvénients, un entre autres, qui est monstrueux, c'est le vote par procuration.

Un député retenu dehors par une partie de plaisir ou quelque tripotage dans une société financière, charge de voter pour lui un collègue qui lui paraît partager sa nuance d'opinion du moment.

Qu'arrivera-t-il? Supposons que ledit collègue, influencé par les débats ou par quelque suggestion plus ou moins désintéressée, modifie son opinion et vote autrement qu'il n'avait d'abord pensé le faire, fera-t-il voter son mandant dans le sens de sa nouvelle opinion ou d'après l'opinion qu'il devait lui croire au moment où on lui a confié la mission? Ne peut-il trahir cette confiance et donner ou vendre en même temps que sa voix celle de son collègue absent? Peut-on supposer un pareil abus, surtout à une époque où la République a été votée à une voix de majorité?

Et comme conséquence de ce raisonnement, je demandais, aussitôt qu'on se mit à salarier les députés, que leur salaire leur fût payé en jetons de présence.

J'ai vu avec plaisir, il y a quelques jours, qu'un journaliste dont la muse est particulièrement « fille de mémoire » a, après dix ans, renouvelé cette proposition, s'excusant de la hardiesse de l'invention qu'il croyait avoir risquée.

Donc nous demandons le payement de l'indemnité des députés en jetons de présence et le vote personnel obligatoire.

De cette question on arrive, par une naturelle transition, à la question des incompatibilités, dont on pourrait et devrait se tirer d'une façon absolue en disant :

Attendu que ce qui vaut la peine d'être fait vaut la peine d'être bien fait;

Attendu que bien peu d'hommes peuvent suffire à deux fonctions, et que celui qui s'en tirerait tant bien que mal obtiendrait encore de meilleurs résultats s'il consacrait tout son temps, toute son intelligence, toutes ses facultés à une seule fonction,

A l'avenir la loi sur les incompatibilités est ainsi rédigée :

Toutes les fonctions sont incompatibles entre elles. Personne n'en excercera deux.

Puisque nous sommes à la Chambre des députés, signalons un autre abus :

Il y a peu de temps, le général Lewal, le nouveau ministre de la guerre, ayant émis à la Chambre je ne sais plus quelle proposition qui rencontra tant à l'Assemblée que dans le public tout le contraire d'un succès, on lut le lendemain dans les journaux qu'au compte rendu du *Journal officiel* on avait supprimé ce passage du discours du ministre.

Ce n'est pas la première fois qu'un fait pareil a lieu. On lit parfois que le président de la Chambre a ordonné qu'une interruption jugée par lui inconvenante, qu'un incident ne seraient pas insérés au compte rendu.

Ajoutons que plusieurs députés, ou se piquant d'éloquence, ou craignant l'effet d'un entraînement, vont à l'imprimerie du *Journal officiel* corriger leur discours. Je ne parle pas de ceux qui y ajoutent entre parenthèses des (Très bien!) ou des (Profonde sensation).

Eh bien, pour dire la vérité, ce sont autant d'escobarderies condamnables.

Tous les Français ont le droit de savoir sans déguisement comment les hommes auxquels ils ont confié tous leurs intérêts s'acquittent de leur mission. Le *Journal officiel* doit être la reproduction exacte, rigoureuse, photographique des Assemblées.

Mais quel est le rôle d'un diseur de vérités? Celui d'un homme qui, pour sortir d'un puits, passerait sa vie à tresser une corde de foin, qu'à mesure qu'elle sort de ses mains un âne mangerait par l'autre bout.

RECHUTE EN SAUVAGERIE

Un philosophe allemand, Schoppenhauer, dit à peu près — je cite de mémoire :

« L'État, le gouvernement, ce chef-d'œuvre de l'égoïsme intelligent, ce total de tous les égoïsmes individuels, remet les droits et la force de chacun aux mains d'un pouvoir indéfiniment supérieur au pouvoir et à la force de l'individu. Ce pouvoir dans lequel tous se réunissent contre celui qui veut attenter aux droits et à la sécurité d'un autre, tient en bride l'égoïsme démesuré de presque tous, l'avidité et la méchanceté de beaucoup, la férocité de quelques-uns. »

La contrainte, la peur les tiennent comme enchaînés ; il en résulte au moins une apparence, une surface de paix, de justice, de sécurité. Mais que le pouvoir protecteur de la société, de l'État, tombe dans des mains inhabiles ou criminelles, et se trouve, comme il arrive quelquefois, éludé ou paralysé : on voit éclater, au grand jour, les appétits, les voracités insatiables, la sordide avarice, l'hypocrisie sans masque, la méchanceté, la perfidie, la férocité des hommes. On s'étonne, on se récrie comme s'il y avait là quelque phénomène nouveau, quelque monstre inconnu ; cependant il faut reconnaître que, sans la contrainte des lois, sans la peur de punitions le plus souvent inévitables, sans le besoin que l'on a de l'estime ou au moins de la tolérance de autres, toutes ces passions triompheraient et régneraient sans ressource.

Il faut lire les causes célèbres, et l'histoire des époques de révolutions et d'anarchie dans tous les temps et dans tous pays pour savoir ce qu'il y a au fond de l'homme. Ces milliers d'êtres qui sont là sous nos yeux, obligés par la peur à respecter en apparence la paix et la justice, ne sont qu'une troupe de tigres et de loups enchaînés et muselés. Mais supposez la force publique, le pouvoir, l'État, débordés, supprimés, vous avez en France la Terreur et la Commune, et partout le meurtre, l'incendie, le vol, etc.

C'est précisément là que nous en sommes encore aujourd'hui.

Je disais en 1848 (*Guêpes*, juillet) :

« La France ne doit plus permettre que les émeutiers, que la canaille de Paris décident de la politique, du gouvernement et de tous les intérêts du pays. La France doit secouer le joug du *faubourg Antoine*. Il faut que Paris donne des garanties à la France, il ne faut pas que le gouvernement puisse être enlevé par un coup de main et que trente-deux millions d'hommes attendent chaque jour avec anxiété l'heure de la poste pour savoir ce que les voyous de Paris ont décidé de leur sort, s'ils ont décrété la République ou l'Empire sur l'air des *Lampions*.

» Paris est le salon de la France, et le salon où le monde entier se fait honneur d'être présenté et reçu; ce salon, il faut le balayer et le tenir propre, tandis qu'on en a fait une sentine où arrivent toutes les ordures de la France et du monde entier, une ville où on vient faire tout ce qu'il ne serait pas permis de faire ailleurs », etc., etc., etc.

Et je continue aujourd'hui, car, après trente-six ans, nous voici revenus au point où nous étions en 1848, avec quelques progrès cependant et quelques ornements : la République elle-même, considérée comme abus et chose réactionnaire, et battue en brèche par l'anarchie triomphante, pour gouvernement l'anarchie, et pour religion de l'État l'athéisme; les souteneurs de filles publiques devenus un des corps et des pouvoirs de l'État avec lequel le gouvernement doit compter et compte, le respect de la vie humaine plus qu'amoindri ; on porte son revolver comme on portait autrefois une canne à pomme d'or ou une badine; le nombre des assassins, des truands, des malandrins, des fripouilles, etc., s'est fort accru, et cette armée, que la peur seule peut arrêter au bord du crime, plus effrontément aujourd'hui qu'en 1848, promène par les rues son drapeau rouge sang, feu et vin, et professe hautement, comme droit au travail le vol, le meurtre et l'incendie.

De même que, après les néfastes journées de Juin 1848, je disais à la coterie triomphante :

« Les gens que vous venez de tuer au faubourg Saint-Antoine, ces forçats injustement libérés, ces bandits, ces bêtes féroces, entraînant, dans leurs bandes, de pauvres, honnêtes et aveugles ouvriers, n'étaient-ils pas aux barricades de Février comme aux barricades de Juin, ne les avez-vous pas alors loués et exaltés quand ils travaillaient au bénéfice de votre ambition, ne les avez-vous pas appelés — grand peuple, peuple héroïque, peuple roi? »

De même aujourd'hui les opportunistes ne se sont pas juchés au pouvoir sans le secours de ces hordes; ils voudraient bien et n'osent s'en débarrasser parce qu'elles sont déjà caressées et amorcées, recrutées par les démocrates qui veulent prendre leur place, et qui, à leur tour, seraient assaillis et renversés par les anarchistes qui ouvrent déjà leurs rangs à ces bandes affamées.

Et aujourd'hui vous vous dites le gouvernement et vous n'avez que juste le pouvoir de remplir vos escarcelles et vos poches, mais vous n'osez ni ne pouvez réprimander les menaces d'aujourd'hui, ni les crimes de demain.

A chaque instant vous faites dire dans vos journaux : Capture importante; on a pris dans un garni de telle rue, dix repris de justice.

Heureux coup de filet; on s'est emparé dans les carrières d'Amérique, d'une bande entière de voleurs, d'escarpes, de chourineurs, etc.

Puis on n'en entend plus parler. Ils entrent en prison par une porte de devant; on leur donne à souper et à coucher, puis le lendemain matin ils sortent par une porte de derrière, les voleurs et les assassins d'hier et ceux de demain.

Après une émeute, les agents de la police sont dénoncés aux journaux rouges par les chenapans qu'ils ont arrêtés, et le plus souvent ils sont gourmandés et punis pour leur avoir manqué d'égards. Ils sont attaqués, frappés, fusillés, et finissent par renoncer à protéger la société, heureux quand ils parviennent à se défendre eux-mêmes.

Dans des assemblées, on fait l'éloge de la Commune, on en annonce le retour, on proclame comme œuvre patriotique l'assassinat, le vol et l'incendie.

A l'enterrement de la mère de Louise Michel, avec cette cruauté que peut seule inspirer la lâcheté, vous n'avez pas permis à cette pauvre folle de suivre le convoi de sa mère : vous avez eu peur de Louise Michel.

Et comme des hordes accompagnaient la morte en criant : Vive la Commune! faisant flotter au vent de grands étendards rouges, vous avez donné l'ordre à vos commissaires, non pas de les enlever et d'arrêter ceux qui les portaient, chose trop hardie, mais, lâchement, de les prier de les replier autour des hampes. M. Rochefort a donné un ordre contraire, et les commissaires et les agents ont obéi à M. Rochefort. Et la Commune de demain a continué sa marche triomphante, enseignes déployées.

C'est que, depuis bientôt un siècle, pour abaisser, cueillir et manger les fruits de la puissance, les affamés et les vaniteux ont fait comme les sauvages qui scient au pied le palmier et le cocotier.

Qu'est-ce que vous et vos prédécesseurs vous avez fait pour le peuple dont vous vous proclamez si faussement, si imprudemment les amis ?

Quelle instruction lui avez-vous donnée? vous lui avez enseigné à lire, du moins à quelques-uns, puis vous ne lui avez donné à lire que des mensonges et des saletés.

Depuis plus de cinquante ans, à vous entendre, toute loi était une tyrannie, tout magistrat un oppresseur, toute récompense du travail et du talent, privilège et corruption, tout frein à la licence, un attentat contre la liberté. Dans vos carrés de papier, toute démarche d'un agent du gouvernement était vilipendée, toute agression faite contre lui était exaltée ; toujours et sans examen vous étiez pour l'homme arrêté, quel qu'il fût et quoiqu'il eût fait, vous étiez contre le commissaire et le gendarme, etc., etc.

Pour vous emparer du char et prendre la place du cocher, vous avez coupé un à un tous les fils dont étaient tissues les rênes qu'il avait dans la main, vous avez proclamé « l'indépendance des fonctionnaires » et « l'intelligence des baïonnettes », vous avez détruit toute autorité, toute discipline, vous avez ridiculisé tous les devoirs, vous avez exagéré tous les droits quand vous ne les inventiez pas, vous n'avez pas même laissé le peuple ignorant, vous lui avez mis dans la tête toute une bibliothèque d'idées fausses, vous avez enseigné à tous les appétits, à toutes les ambitions, à chercher le succès et la satisfaction non dans le talent et le travail patient, mais dans le bouleversement brutal et criminel. Et aujourd'hui que *c'est vous qu'est le gouvernement*, vous ne dirigez rien, ne détournez rien, n'arrêtez rien.

Et on est arrivé à cette loi unique en un seul article que j'avais, dès 1839, annoncé que vous vouliez faire :

« Il n'y a plus rien. »

La France est comme un navire dont les matelots ivres ont jeté par-dessus bord le capitaine et les officiers, et qui, désemparé, est mené au hasard par les vents et les courants; tant qu'il reste du rhum à boire il semble à l'équipage révolté que tout va bien, mais on vient de défoncer le dernier tonneau, ils ne tarderont pas à s'apercevoir qu'aucun d'eux n'est capable de conduire le vaisseau à un port, il doit nécessairement aujourd'hui ou demain être brisé sur les écueils, à moins qu'ils n'y mettent le feu.

Qu'est devenue cette fameuse commission qui devait étudier les causes de la misère de la classe ouvrière et y trouver un remède?

Lorsque Pierre Ier de Russie, Pierre le Grand, vint en France sous le règne de Louis XV, il fut étonné et effrayé des développements de Paris, et déclara que, s'il avait une pareille ville, il y mettrait le feu.

Plusieurs de nos rois firent des efforts pour arrêter ces développements. Je n'en citerai qu'un exemple, le plus moderne : En 1638, le 15 janvier, arrêt du conseil exprimant la volonté du roi, pièce très curieuse, que, faute de place, je publierai un autre jour.

Je l'ai constaté bien souvent et prouvé par des faits : chaque fois qu'un paysan quitte les champs pour la ville, c'est un producteur de moins pour la dehors de tes gages, je te donnerai trente sous par jour pour te nourrir dehors. » Il jugea que ce n'était pas suffisant et il s'en alla.

Le jeune paysan et la jeune paysanne étaient voisins et un peu parents, il avait même été question pour plus tard de les marier ensemble, mais on leur a tant parlé de l'argent qu'on gagne à la ville ! On a dit que Pierre, le fils à la Rustaude, s'est fait maçon et gagne cinq francs par jour. Et puis un jour, la petite Mathurin, qui était allée à la ville se faire servante, est venue voir ses parents ; elle était habillée comme une dame et avait une montre d'or.

Ils ont voulu partir.

Les enfants, qui à la ville sont une charge, sont la fortune du paysan. Le fils parti, le père ne peut plus cultiver seul la ferme qu'il a louée, comptant sur son aide et ses bras ; il faut qu'il paye un homme ; mais le bruit des cinq francs que gagne le fils à la Rustaude a fait s'accroître les prétentions des ouvriers et le prix de la journée. Après un essai ruineux le paysan, le père abandonné, aimera mieux ne cultiver de sa terre que ce qu'il peut cultiver seul et laisser le reste en friche.

Il en est de même chez la paysanne envolée : la mère est vieille, elle ne peut plus mener aux champs la vache et les chèvres, les soigner à l'étable et les traiter, elle renonce aux bestiaux.

A peine une année s'est écoulée. Le garçon va au

seule richesse réelle dont les autres richesses ne sont que des images, et c'est peu de compter qu'il ne va représenter à la ville que trois consommateurs de plus, même en ne tenant pas compte des vices, des appétits, des soifs qu'il y va contracter, mais pour ne parler que des habitudes qui, luxe d'abord par comparaison avec la vie qu'il a menée jusque-là, ne tarderont pas à devenir besoin et nécessité.

Suivons un peu le paysan et la paysanne se dirigeant, non plus seulement sur Paris comme autrefois, mais sur la ville voisine, car presque toutes les villes aujourd'hui, poussées par une sotte vanité, par des idées dangereuses de spéculation et par des encouragements d'un gouvernement insensé, tendent à s'élargir et veulent devenir « aussi grosses que le bœuf ».

Il y a déjà quelque quinze ans, un paysan de la montagne m'amena son fils pour travailler à mon jardin, un jeune et beau gars. Comme nous discutions les gages, je lui fis observer que son fils serait nourri chez moi.

— Oh! monsieur, me dit-il, la nourriture, qu'est-ce que c'est que ça pour nous autres? Cinq ou six sous par jour.

Eh bien, il y avait à peine trois mois que le jeune paysan était chez moi, qu'il était devenu, je ne dirai pas seulement si vorace, mais si délicat, si difficile, si exigeant, que je dus lui dire : « En

café, du café aux réunions politiques; là, il apprend
que le patron qui l'emploie et le paye est un voleur,
l'exploite et le tient en esclavage; qu'il faut le ruiner et peut-être le pendre. D'autre part, il voit le
soir dans les rues tant de belles dames en robes de
soie, si aimables, si prévenantes, qu'il ne pense plus
à sa petite voisine, la paysanne au jupon court de
« droguet » qu'avec pitié et dédain.

Cependant elle, de son côté, de servante de maison bourgeoise, est devenue fille de brasserie, et
comme elle est assez jolie, marchande de gants dans
un passage; peut-être arrivera-t-elle à être une de
ces beautés vénales célébrées dans les journaux
sous le nom de lorettes, belles petites, horizontales;
comme on les appellait autrefois, les impures, etc...
avec hôtel, voiture, etc.; peut-être ne pourra-t-elle
s'élever au-dessus du ruisseau où viendront la rejoindre un jour les plus horizontales, vieillies et démodées. C'est là, dans la rue, que le paysan devenu ouvrier et citadin la rencontrera un soir, en
robe de soie défraîchie, il est vrai, et tachée, mais
enfin en robe de soie. Ils se reconnaîtront, mais ne
parleront pas du mariage. Ce serait la misère. Chacun préférera suivre sa voie et continuer son métier
de garçon maçon ou peintre en bâtiment, ou autre
chose, en attendant qu'il devienne préfet ou ministre à l'avènement de la vraie république, de la
« sainte », la fille se vendant en détail, se louant à

l'heure et à la course. Ça ne les empêche pas de « s'aimer », si j'ose m'exprimer ainsi. Ils se rencontreront dans les bals de barrière. La fille l'aidera dans les grèves. Lui la défendra contre le client avare ou récalcitrant. Certes, tel n'est pas le sort de tous ceux qui quittent les champs pour la ville. Mais c'est l'histoire de presque toutes les filles publiques et de leurs souteneurs.

L'élargissement insensé des villes qui les laisse aujourd'hui endettées, obérées, et qui a amené dans leur sein tant d'ouvriers de la campagne, ne pouvait durer toujours et déjà est fort arrêté.

Quoi qu'en aient dit et professé le petit Louis Blancs, ses complices et ses adeptes, « le droit au travail » est une dangereuse bêtise.

L'ouvrier ne peut avoir droit qu'au travail qu'il y a.

Il est évident, aujourd'hui, que la vraie cause de la misère des ouvriers et en même temps de celle des campagnes, c'est qu'il n'y a plus assez de paysans et qu'il y a trop d'ouvriers.

Il est évident que cette situation ne peut que s'aggraver parce que les exigences des ouvriers grisés, affolés par les intrigants qui les exploitent, ont amené une augmentation de la main-d'œuvre qui fait que la France ne peut plus lutter avec les industries étrangères et qu'elle doit acheter et achète ce qu'elle vendait autrefois.

Qu'est-ce que, d'ailleurs, que cette folie d'appeler les ouvriers des villes exclusivement et par excellence les « travailleurs » et la « classe laborieuse » ?

Est-ce que le paysan ne travaille pas autant et plus rudement que l'ouvrier des villes ? Est-ce qu'il « s'amuse » autant que lui, est-ce qu'il fait le lundi et se met en grève ?

Et si on acceptait les théories qui se développent tous les jours dans les réunions dites politiques, si on prenait injustement pour la classe laborieuse les orateurs qui prétendent les représenter, il faudrait dire : Que demande la classe laborieuse ? Elle demande à ne pas travailler.

La première classe de la société, c'est le paysan, le laboureur. Il peut se passer, non seulement de l'ouvrier, mais de toutes les autres classes, et ni l'ouvrier ni personne ne peuvent se passer de lui.

Le salut est le retour à la terre.

C'est une question à étudier, mais qu'il est indispensable, urgent, de résoudre.

En attendant que Paris soit nettoyé, d'où vient que tous les jours on arrête ailleurs des vagabonds, c'est-à-dire des hommes que la gendarmerie rencontre sans domicile, sans travail et sans argent, et que, pour ce seul fait et conformément à la loi, ils sont mis en prison et placés sous la surveillance de la police ?

D'où vient cette sévérité prudente, tandis qu'à

Paris les vagabonds, les chenapans, voyous et fripouilles sont chez eux et ne sont inquiétés, qu'après un certain nombre de vols et d'assassinats?

Dans une ville comme Paris, la police doit savoir les moyens d'existence de tout habitant. Tout homme qui ne vit pas d'un revenu ou d'un travail doit être mené en un lieu où il sera nourri et logé en travaillant, sans autre salaire; seulement logé et pas nourri le jour où il n'aura pas travaillé, et ces jours-là, soyez-en certains, n'auront pas de lendemain qui leur ressemble.

Pour le moment, avec cette armée de vagabonds, de vauriens et autres hommes politiques, Paris est un magasin de pétrole, de picrate, de dynamite, où on se promène en fumant et en jetant ses allumettes au hasard.

C'est une mine où règne le grisou et où aucune police n'oblige et, paraît-il, ne peut obliger les mineurs à se servir des lanternes Davy, et où ils errent *à feu nud*, chaque instant pouvant amener l'explosion.

SHIO-BOU

Je suis tellement dégoûté, écœuré de la politique actuelle, tellement affligé, découragé, indigné de l'aveuglement et de la patience de la France, que j'ai décidé de ne jaser aujourd'hui qu'avec ceux de mes lecteurs qui ont eu le bonheur ou la sagesse de vivre à la campagne, de l'aimer, de la désirer ou de la regretter, de demander à l'étude et à la contemplation de la nature cette source inépuisable de jouissances toujours nouvelles, qui nous reste libérale et fidèle jusqu'au dernier de nos jours; aussi bien j'ai à donner aux amis des jardins une nouvelle qui leur promettra d'abord, leur donnera ensuite de vifs ou de nouveaux plaisirs et justifiera le titre japonais de cet article : *Shio-bou*.

Mais je veux d'abord, en quelques lignes, expectorer un peu de ce que j'ai sur le cœur à propos de nos gouvernants; — très peu pour aujourd'hui — seulement, comme on tousse, on crache, on se mouche avant de prendre la parole et de commencer son discours.

Pour ceux auxquels il reste quelque bon sens, il est incontestable que ces malheureux ont dépassé tous les crimes qu'on reproche aux plus odieux tyrans contre la fortune, la liberté, l'honneur de la France; que de l'argent, de la vie des hommes, ils disposent au gré de leurs caprices, de leurs fantaisies, de leur profonde ignorance.

L'histoire, plus tard, ne pourrait taxer d'excessive la plus sévère des condamnations qu'on prononcerait contre ces malfaiteurs, si quelque jour le Sénat imite le sénat romain, qui, mais seulement après la mort de Commode, se vengeant de sa criminelle et infâme servilité, attitude qu'ont tristement montrée tant de sénats, fit entendre des imprécations que nous ont conservées les historiens :

« Que l'ennemi de la patrie, que le parricide soit traîné avec un croc. A bas ses statues! Que sa mémoire soit abolie, ses statues renversées, etc. » (Œtius Lampride.)

Non, l'histoire et la postérité ne trouveraient pas excessive la condamnation suprême contre ces parricides qui ont si effrontément déshonoré, ruiné, abaissé la France. Cependant, comme je suis de caractère doux et même parfois bénin, je voudrais qu'après leur condamnation, on permît pour la dernière fois à M. Grévy, qui, naturellement, serait à la tête des condamnés pour avoir laissé faire ce qu'ils ont fait, d'user de ce droit de grâce dont il a si dangereusement abusé, d'en user, pour la dernière fois, en faveur de ses complices et de lui-même ; et alors la peine serait commuée en une autre que voici : Tous ceux qui ont pris part au gouvernement de la pseudo-république, depuis 1871, seront déclarés incapables d'occuper de toute leur vie aucune fonction politique ni administrative. Ils seront rendus à perpétuité aux cafés, cabarets, brasseries, etc., où ils ont fait leurs études. Seulement, comme autrefois on faisait moins équitablement pour les juifs, ils devront porter quelque signe, par exemple un morceau de drap rouge dans le dos ou un écriteau, qui les désignera à jamais comme membres du gouvernement de la prétendue république de 1871 à.... et les condamnera au mépris et à la moquerie publiques.

Cela dit, quittons le cabinet et entrons au jardin.

Il est à remarquer que tous les fondateurs de religions qui nécessairement, ainsi qu'ils le disaient et qu'on l'a cru, avaient reçu à ce sujet des communications divinement officielles, se sont trouvés d'accord sur un point : c'est de placer les paradis, les séjours de délices destinés aux bons et aux vertueux, après cette avant-vie terrestre, toujours dans un jardin.

Adam et Ève étaient dans un jardin où ils seraient encore sans leur désobéissance, et où n'ayant pas mangé le fruit défendu, ils n'auraient probablement pas eu d'enfants qui les condamnèrent à cette grande douleur d'en voir un assassin et l'autre assassiné. Cela me rappelle ce que m'écrivait un jour un vieil ami, en affectant le « déballage » usité entre amis qui se retrouvent après s'être quelque temps perdu de vue, pour se remettre au courant. Il avait deux fils qui lui avaient donné beaucoup de soucis en jetant cette gourme terrible de la jeunesse, et pensait n'avoir pas à se louer outre mesure de la paternité.

— Mes deux fils sont mariés, me disait-il, et le ciel a également béni leur union : ils n'ont d'enfants ni l'un ni l'autre.

Mahomet surtout s'est complu dans les descriptions du jardin destiné aux croyants. Ce paradis est plus détaillé, et surtout plus sensuel que les autres. La vérité est que, sauf Mahomet, les prophètes comme les poètes ont à peu près toujours mieux réussi les enfers que les paradis. Cependant j'aurais quelques objections à faire au jardin ou paradis de Mahomet, objections qui ne s'arrêteront pas à celui-là.

On comprend que dans un jardin — *al djannat*

— destiné surtout aux Arabes, aux habitants du désert et des sables arides, il ait surtout songé à l'eau, aux rivières, aux fleuves, aux ruisseaux murmurants dans le « jardin des croyants ». Quelques-uns de ces ruisseaux roulent une eau limpide; mais d'autres font couler du vin, du lait ou du miel. Tous ces ruisseaux prennent leur source sous les racines de l'arbre Tuba.

Ah! quel arbre, que l'arbre Tuba! Cet « arbre du bonheur » est planté dans le palais de Mahomet; mais il est si grand que le cheval le plus léger lancé au galop mettrait cent ans à sortir de son ombre, si bien qu'une branche s'étend dans la maison de chaque vrai croyant. Cette branche est chargée de dattes, de citrons, de raisins et d'autres fruits d'une grosseur énorme et de goûts et de parfums inconnus sur la terre. Cette branche s'abaisse vers les mains du croyant qui veut y cueillir un fruit; elle offre non seulement des fruits, mais aussi de la viande d'un goût exquis, des volailles, des oiseaux tout apprêtés, cuits et fumants. Ce n'est pas tout : on n'a qu'à désirer, et l'arbre Tuba donne des vestes de soie, des turbans, des sabres enrichis de pierreries, et même des chevaux et des dromadaires tout équipés et sellés pour la course : en un mot, satisfait à tout désir que peut former le vrai croyant.

Un des grands ornements de ce jardin, c'est sans contredit la foule innombrable des houris destinées à la félicité des fidèles. Le Koran parle beaucoup de la grandeur et du doux éclat de leurs yeux noirs, elles demeurent dans de grosses perles creuses.

La vie n'est là qu'un festin perpétuel. On mange et on boit sans perdre la soif et l'appétit ; des vins exquis sont versés dans des coupes d'or par des houris aux grands yeux noirs, etc. Eh bien, ce paradis ne me satisfait pas. Cela ressemble en grand et en beau, je le veux bien, à ces gargottes champêtres qui florissaient au temps de Paul de Kock à Belleville et à Romainville, où des tables étaient placées sous des bosquets particuliers de lilas, appelés galamment des « chérissoirs ». Ces bosquets ayant été remplacés à Belleville et à Romainville par des cabarets politiques, il faut chercher une autre comparaison dans les tavernes et brasseries d'aujourd'hui où on est servi par des femmes. Reste un détail à l'avantage du jardin de Mahomet et qui, je crois, n'est pas à la portée des houris des brasseries, c'est que celles destinées aux croyants dans les jardins de Mahomet, plus on les aime, plus elles sont vierges.

Décidément, ce paradis tient de la cohue et du bastringue et manque de « comme il faut ». La véritable idée du bonheur, c'est le jardin où Adam et Ève sont seuls, c'est le rêve que fait tout homme réellement et poétiquement amoureux, enlever l'objet aimé au désert.

Tel, du reste, serait le « paradis » que chacun

devrait et pourrait peut-être se faire sur la terre : ne plus parler de ville, mais chaque famille habitant une maison au centre d'un jardin assez vaste pour qu'il pût fournir les fruits et les légumes et nourrir une vache ou quelques chèvres, des lapins, des pigeons, etc.

Un autre reproche que j'ai à faire au paradis de Mahomet, c'est de donner trop de valeur à ce qui n'a, en réalité, qu'une valeur de convention, l'or, les perles, les diamants, et de faire entrer dans leur appréciation le prix que leur donnent leur rareté et la vanité des hommes.

Pour un prophète qui se piquait de poésie, il s'est, selon moi, montré vulgaire, et je dirais presque idiot, —d'annoncer que, dans son jardin, le tronc des arbres est en or, que les ruisseaux roulent des pierreries, que les murailles des édifices sont d'or et d'argent, etc.

Je dois avec regret constater que saint Jean, le solitaire de Patmos, dans son *Apocalypse*, ne se montre pas meilleur appréciateur des véritables merveilles de la nature, ni suffisant admirateur des splendeurs dont le souverain Maître a embelli cette terre que les ingrats habitants des villes couvrent soigneusement de pierres. La Jérusalem céleste, le paradis qu'il annonce aux fidèles, aux « nations sauvées », est une « ville bâtie en or pur », les murailles en sont faites « de vingt espèces de pierres précieuses, les douze portes de la ville sont faites chacune d'une seule perle ». C'est un Éden outrageusement embelli et gâté.

Or, que sont en réalité ces cailloux, ces pierres plus ou moins brillantes que l'on tire avec tant de peine, de frais et parfois de dangers, du sein de la terre, en comparaison des fleurs qui en couvrent la surface ?

L'améthyste est-elle d'un plus beau violet que la violette elle-même, et a-t-elle son parfum ? En quoi les perles, cette gravelle des huîtres, l'emportent-elles sur le muguet des bois ? Exhalent-elles sa suave odeur ? Comparez la turquoise aux *vergiss-mein-nicht*, à la fleur de la chicorée sauvage, à celle du némophile et de la cynoglosse ; comparez le saphyr aux bleuets des blés, et au *delphinium formosum*, à la *gentiane acaulis*, au *plumbago* ; certes la topaze serait aussi agréable peut-être que la giroflée des murailles, si elle parfumait l'air comme elle, le rubis avec ses quatre ou cinq nuances peut-il se comparer aux roses qui en ont d'infinies et embaument si délicieusement tout un jardin ?

Parlerons-nous de l'émeraude et des autres pierres vertes, pruse, smaragdite, chrysoprase, etc. ? Les comparerons-nous aux innombrables nuances de vert qui revêtent les herbes et les arbres ? La chrysoprase affecte la couleur du réséda, mais sans son odeur, que Linnée prétendait être l'ambroisie. Quel est le diamant qui ait l'éclat, la splendeur d'une goutte de rosée ? Quelle est la pierre qui passant au printemps et à l'été par tous les tons du vert, se revêt, à l'automne, de toutes les plus riches nuances du rouge, comme la vigne vierge, et qui revêt de pourpre des maisons entières ? Combien est restreinte la gamme, la palette des couleurs des gemmes et pierres précieuses, si vous les comparez à la gamme, à la palette des fleurs ?

Et les fleurs, les feuilles, les herbes, tout cela est vivant et animé, change de forme et de nuances à ses diverses phases d'épanouissement, et cet écrin se serre et se garde lui-même, parfois se cache dans la terre et reparaît de lui-même en sa saison; une couleur, un parfum succède à un autre parfum. Les jacinthes, les anémones vont finir, mais elles nous conduisent aux lilas. Le lilas ne nous quitte qu'à l'épanouissement des roses.

Ajoutez aux fleurs les insectes qui voltigent autour d'elles et se baignent dans leurs calices, et qui ont des corselets et des ailes d'or, d'argent, d'émeraude, de rubis, d'améthyste, etc., mais d'or et d'argent vivant, de rubis, d'émeraude animés.

Il est sain pour l'esprit, pour le cœur et le corps, de vivre dans un jardin ; c'est dans un jardin qu'il est possible de vieillir heureux ; c'est dans un jardin qu'il faut absolument mourir, — comme font les oiseaux dont on ne trouve jamais les cadavres qu'ils vont d'avance cacher dans le fond des bois.

Une femme a dit :

— Il faut quitter le monde et les salons quand on ne les orne plus.

Disons que la femme qui disait cela était jeune alors, et croyait n'infliger cet exil et cette démission qu'à d'autres femmes passées dans les salons à l'état de tapisseries jugées trop épaisses, encombrant et gênant les danseuses; car il est à remarquer que les jeunes filles et les jeunes femmes croient qu'il y a deux espèces de femmes, les jeunes et les vieilles, et qu'elles sont de l'espèce jeune.

L'ai-je dit le premier, l'ai-je répété après l'avoir lu? la punition des hommes qui ont trop aimé les femmes, c'est de les aimer toujours; il faut craindre de se cramponner au passé et d'aller piteusement mendier aux femmes des plaisirs qu'elles accorderaient peut-être, car les femmes ne cèdent pas toujours qu'à l'amour qu'elles éprouvent, mais aux plaisirs qu'elles ne partageraient pas, — chose horrible, et qui vous ferait prendre vous-mêmes en haine.

Malheureusement le visage vieillit plus vite que le cœur, l'âme, l'esprit; il vient un moment, pour certaines organisations, où cœur, âme et esprit inexorablement jeunes sont enfermés dans une vieille peau, comme la belle princesse du comte de *Peau d'Ane*, mais qu'on ne peut hélas dépouiller que pour le dénouement du conte.

Dans les jardins, au contraire, vous pouvez admirer sans être importun, aimer sans être ridicule ; la rose, la violette, la tubéreuse exhalent leurs parfums aussi volontiers pour les vieux nez que pour les plus fins nez, si blancs et si roses qu'ils soient.

Autre avantage des jardins sur le monde : quand, au jardin, vous semez du réséda, il lève, il pousse du réséda ; rappelez-vous ce que, dans la vie et dans le monde, vous avez semé, croyant voir germer, croyant récolter des moissons de plaisirs, d'amitiés, d'amour ; combien de fois ayant semé du réséda, n'avez-vous vu pousser que des orties et des chardons !

J'ai eu ce bonheur de passer ma première naissance dans un jardin. Mon père, musicien qui a eu son heure de célébrité et dont on joue encore la musique agréable et facile, était l'un des deux ou trois qui, avec le secours des frères Érard, changèrent le clavecin en piano. Il aimait les fleurs et, avec son ami Méhul, il avait semé des tulipes. Tous deux, du reste, lors de la folie des tulipes et de la guerre qui s'éleva entre les partisans des fonds jaunes et les partisans des fonds blancs, s'étaient déclarés résolument pour les fonds blancs et se faisaient traiter par les autres de « jeunes gens » et de « révolutionnaires », épithètes auxquelles ils répondaient par celles de « vieux », d' « arriérés » et de « ganaches ». Je n'ai oublié ni mon premier jardin à moi, sur la fenêtre d'une mansarde qui me servait de chambre à douze ans, ni mon étroit jardin de la rue du Rocher à Paris, dont je disais plus tard :

> ...J'ai si longtemps aimé
> Un tout petit jardin sentant le renfermé...

ni mes jardins suspendus sur une vaste terrasse servant de toit à la plus haute maison de la rue Vivienne, en ce même Paris, jusqu'au moment où j'ai pu m'envoler aux champs pour ne plus les quitter.

J'habite depuis plus d'un quart de siècle une région où végètent vigoureusement, en plein air, tout ce que dans les autres pays on cultive pauvrement en terre tempérée : les orangers, les citronniers, les héliotropes, les géraniums, les lauriers-roses, etc. ; quelques plantes même que les livres disent de terre chaude : les *strelitzia reginæ*, les *clivia*, les *nymphæa* roses et bleus, les *nelumbo*, les papyrus d'Égypte, etc. Eh bien, j'ai soigneusement réservé et conservé la place pour les arbres et les plantes amis de mes premières années ; sous mes orangers, je pense souvent aux saules et aux peupliers des petites îles de la Seine et de la Marne, et je les ai amenés ici. Le souvenir aidant, les plus doux plaisirs que me donne mon jardin ne me viennent pas des plantes « rares » et « chères » ; ce sont toujours les aubépines, les lilas, les violettes, le muguet, le réséda, la giroflée jaune des vieilles murailles, l'iris violette des toits de chaume en Normandie, qui font refleurir en même temps qu'elles mes plaisirs, mes suaves tristesses du temps de ma jeunesse.

C'est des iris que je veux vous parler aujourd'hui et à propos desquelles je vous ai annoncé et promis une bonne nouvelle, ô vous qui, comme moi, ne dédaignez pas les fleurs de pauvre, celles que la bonté divine a faites communes, — les iris, entre autres, qui, sur la crête des pauvres toits de chaume, leur donnent une splendeur que l'art ne saurait imiter que de loin, une richesse qui manque au séjour des rois et même aux palais des voleurs!

Bien peu de fleurs sont aussi peu exigeantes que l'iris, qui se contente de tous les terrains, fleurit sur la crête des toits de chaume et dans le moindre trou de rocher contenant une poignée de terre.

Bien peu de fleurs aussi présentent autant d'espèces et de variétés dont la succession embellit le jardin pendant une grande partie de l'année, avec les plus riches et les plus harmonieux coloris, dans tous les tons du blanc, du bleu, du violet, du jaune, du brun, du noir, etc. La première fleurit au mois de décembre, en plein air, à Saint-Raphaël; dans les serres ailleurs, où, du reste, on ne la voit guère et peut-être pas du tout, parce qu'elle est oubliée dans les livres ou traitée avec dédain par des gens qui ne l'on jamais vue : c'est *l'iris scorpioides*.

Entre des feuilles relativement larges, monte sur une tige peu élevée une fleur très large et d'un beau bleu foncé ; elle a une variété d'un bleu plus clair.

Au mois de janvier fleurit, avec une extrême abondance, l'*iris stylosa*, d'un bleu pâle. L'iris *stylosa* est encore en fleurs, que paraît une miniature, l'*iris de Perse*, vêtue de blanc, de bleu, de violet, d'orangé, et exhalant une douce et suave odeur ; c'est la plus petite, mais peut-être la plus richement vêtue des iris. Parmi les iris on peut la comparer, pour la taille et la parure, au colibri parmi les oiseaux.

En février, l'*iris tuberosa* à fleurs vertes, dont chaque pétale porte à son extrémité une tache de velours noir.

A la même époque, l'*iris naine*, sauvage dans nos contrées, montrant, selon les variétés, diverses nuances de violet, de blanc et de jaune.

Au mois de mars, l'*iris de Florence* aux grandes fleurs d'un blanc pur, et dont la racine exhalant une forte odeur de violette est si recherchée pour les sachets.

Fin mars et commencement d'avril, la nombreuse famille des *iris germaniques*, plus de cent cinquante variétés distinctes ; quelques-unes ont l'odeur de fleur d'oranger.

Puis la plus étrange, et presque la plus belle de toutes, l'*iris de Suze*, la plus grande venant de la

Perse comme la plus petite dont je parlais tout à l'heure ; sur la fleur d'un gris très pâle, un réseau étendu comme une dentelle noire.

Puis l'*iris fimbriata,* iris frangée, que les savants aiment mieux appeler *morea;* sur des tiges longues, élégantes, tortueuses, elle étale des fleurs d'un gris charmant avec une tache orange au centre.

Jusqu'ici ces iris naissent de racines, de souches, de rhizomes ; voici qu'elles sont remplacées par les iris à oignons : l'*iris xiphia* et l'*iris xiephioides* présentent d'autres couleurs et d'autres nuances, et fleurissent seulement en juin.

Nous avons encore une iris calomniée du nom de *fétide* et même de *très fétide,* parce que son feuillage, mais seulement quand il est froissé, écrasé entre les doigts, répand une certaine odeur de gigot à l'ail.

Elle est loin cependant d'être à dédaigner, elle se plaît à l'ombre, elle fait partie du petit nombre de plantes qui ornent volontiers le dessous des arbres ; son feuillage est d'un vert foncé et luisant. Elle a une variété dont chaque feuille dans sa longueur est partagée mi-partie de vert et de blanc. Toutes deux font succéder à des fleurs d'un bleu enfumé peu brillant des capsules qui en s'entr'ouvrant présentent un amas de graines d'un orange presque couleur de feu d'un grand éclat, à la façon d'une grenade entr'ouverte.

Il est une bien charmante fleur qui a été longtemps une iris sous le nom de *iris pavonia*, mais que la science botanique a fait partir de la famille qu'elle honorait cependant, — elle s'appelle aujourd'hui *vieussenxia*, il me semble voir une jolie fille quitter son nom de Marie, de Suzanne, de Jeanne, pour s'appeler madame Durand. Sa fleur se compose de trois pétales d'un blanc pur, chaque pétale marqué à sa base d'une tache du plus beau bleu d'outremer, ce qui fait que le nom de *glaucopis*, œil glauque, dont la science a voulu relever son nom de *vieussenxia*, manque d'exactitude.

L'élégante forme des fleurs de l'iris et ses brillantes et diverses couleurs semblent l'objet d'une prédilection particulière de la nature, car elle l'a plus souvent répétée que bien d'autres et l'a placée en plus d'endroits différents. Ainsi l'iris qui fleurit sur les rochers et sur les toits a ses représentantes également dans les eaux. L'iris des marais, (*pseudoaconis*), orne bien richement les bords des rivières et des étangs de ses hautes tiges d'un vert d'émeraude et de ses fleurs d'un jaune éclatant.

Fleurissent aussi dans l'eau d'autres variétés moins connues, parce qu'elles ne sont pas indigènes en France :

L'*iris de Monnier* d'un jaune de beurre; l'*iris fulva*, couleur de café brûlé; une autre que j'ai reçue, mais que je n'ai pas encore vu fleurir, qui s'appelle *Virginica*, et qu'on ma dit avoir des fleurs lilas.

Mais nous voici enfin arrivés à la révélation que je vous ai promise, vous ne trouverez ce document dans aucun livre d'histoire naturelle, ni de jardinage, ni dans ce vieux *Bon Jardinier* qui s'est fait lourdement pédant, ni dans l'excellent ouvrage des Vilmorin : *les Fleurs de pleine terre*, ni dans *Lyon horticole*, si bien dirigé par M. Viviaud-Morel ; ni dans le *Moniteur d'horticulture*, ni dans la *Gazette des campagnes*, journal si véritable, si intelligent, avec des paysans de Louis Hervé. M. Linden l'ignore, vous le demanderez en vain aux enfants du célèbre Vanhoute, qui cependant possèdent une très réelle collection de l'iris dont je vais parler.

Depuis un certain nombre d'années, les catalogues portent à l'article IRIS les *iris Kœmpferii*, sans indiquer pour leur culture aucuns soins particuliers. Pour mon compte, j'avais été peu satisfait des résultats, et je les avais presque abandonnées.

Enfin Mazel vint.

Les amis de l'horticulture, s'ils ne connaissent pas mon ami Mazel, connaissent les plantes auxquelles a été donné son nom, le bambou Mazeli, la daphné Mazeli, etc.

Mon ami Mazel reçut un jour du Japon diverses images, parmi lesquelles il reconnut, mais vigoureuse, mais large, mais richement vêtue, l'*iris*

16

Kœmpferii; mais l'*iris Kœmpferii* était représentée dans l'eau. Là était la révélation : l'iris Kæmpferii, à laquelle, pour mon compte, je restitue son nom japonais de Shio-bou, est une plante aquatique comme notre iris des marais.

Seulement la fleur est plus large et est venue apporter des tons et des couleurs qu'on chercherait en vain sur les iris des autres espèces, — du rose et de l'amaranthe.

J'ai tenu ma promesse, — je vous donne presque l'iris Shio-bou et j'en embellis vos jardins, puisque je vous donne le secret de la rendre heureuse, c'est-à-dire de lui permettre de développer toute sa beauté, qui est très réelle, à votre bénéfice.

Et, en même temps, je vous ai pendant un quart d'heure distraits avec moi de la hideuse, répugnante, honteuse et ridicule politique d'aujourd'hui. Je compte sur des remerciements.

P.-S. — Je reçois d'un ami, le peintre si connu et si aimé, Riou, une lettre bien triste : l'incurie des usurpateurs du pouvoir, ignorants et ahuris, lui coûte la vie d'un neveu chéri :

« Il y a six semaines, dit-il, la fièvre typhoïde éclate à Lorient dans les casernes et fait cinquante victimes de la batterie où était mon neveu, engagé volontaire dans l'infanterie de marine. On renvoie les survivants dans leurs foyers.

» Quinze jours après on les rappelle sans motifs aucuns et sans avoir suffisamment désinfecté les casernes. Ils sont aujourd'hui presque tous morts.

» Au ministère de la marine, on ne dit rien, on semble ignorer. »

Comme si on n'avait pas assez du Tonkin !

PARIS

En 358, Julien, gouverneur des Gaules pour les Romains, écrivait :

« J'ai passé cet hiver dans ma chère ville de Lutèce, c'est le nom que les Gaulois donnent à la ville des Parisiens ; elle est située dans une petite île, et on y entre par deux ponts de bois ; le fleuve qui l'entoure fournit une eau très pure et très agréable à boire. L'hiver y est doux, et l'on y voit de très bonnes vignes... Ce peuple, ajoute-t-il, est austère, n'adore Vénus que comme présidant au mariage, et ne demande à Bacchus que la quantité de vin favorable à la santé et à l'accroissement de la population. »

C'est à Paris que Julien fut proclamé empereur par ses troupes.

Clovis, le fondateur de la monarchie française, après ses victoires sur les Allemands et sur les Romains, transporta sa résidence à Paris, et déclara cette ville « capitale de son empire ». Il existe de lui des lettres patentes datées du mois d'octobre de l'année 500, où, parlant de la ville de Paris, il l'appelle :

« Abrégé du monde ; — Reine éclatante au-dessus de toutes les villes ; — Séjour royal ; — Tête et capitale de tout l'empire des Gaules, dont le salut et la prospérité assurent le salut et la prospérité de tout l'empire. »

Et Paris alors se composait d'assez peu de maisons sur les deux rives de la Seine et de deux ou trois temples, églises et palais, entre autres celui des Thermes, bâti, dit-on, par Julien.

Nous ne suivrons pas les accroissements successifs de Paris. Ce que je veux constater, c'est la sollicitude et la haute intelligence que les rois de France ont, depuis Clovis et de tout temps, apportées non seulement aux embellissements de leur capitale, mais aussi à la sécurité, à la moralité des habitants, aux facilités de la vie, à l'abondance et à la bonne qualité des subsistances.

Je n'empêcherai ensuite personne de comparer ce qu'ils ont fait avec ce que font et ne font pas les citoyens membres de la coterie qui en ce moment opprime, ruine et déshonore la France.

On ne peut nier que Paris soit aujourd'hui une sentine, un cloaque, où se rassemblent et grouillent tous les vices, où une innombrable armée de coquins, de scélérats, de voleurs, d'assassins pratiquent presque impunément et en tout cas incessamment leurs désastreuses industries. Ils forment un corps de l'État, sont comptés pour beaucoup par ce qu'on appelle le gouvernement, et exercent une puissante, insolente et néfaste influence politique.

Les fléaux qui rendront bientôt inhabitable la capitale de la France sont, pour ne compter que les principaux :

1° Le nombre des vagabonds qui, n'ayant ni revenu, ni domicile fixe, ni travail, les uns n'en trouvant pas, les autres n'en voulant pas, vivent cependant et vivent plus largement que les citoyens utiles et laborieux, et ne rêvent que révolution, anarchie, pillage, etc. ;

2° La prostitution, qui s'étend comme un chancre et entretient subsidiairement une armée de souteneurs, pépinière de voleurs et d'assassins, soi-disant citoyens électeurs et hommes politiques ;

3° Les cabarets, tavernes, brasseries, etc. ;

4° La concurrence aveugle et illimitée du commerce, qui, pour ne parler que de celui qui a trait à la subsistance, ne se contente pas de voler l'argent des citoyens, mais encore les empoisonne sans relâche.

J'ai parlé l'autre jour des efforts de Louis XIII pour renfermer Paris dans de certaines bornes. Voici le texte d'une partie de cette ordonnance.

On y prévoyait tous les inconvénients et les dangers d'une trop grande ville. Tout ce qu'on craignait alors, et qui n'a pas empêché l'agrandissement démesuré de la capitale, s'est réalisé, sans compter ce qui n'avait pas été prévu. Tout, en fait de sottises, de folies, de crimes, ce qu'on croyait possible, a été dépassé.

... Cette passion de bâtir de tous côtés, et jusque dans la campagne des environs de Paris, fut enfin portée à tel excès que le roi jugea à propos d'y mettre des bornes. Un arrêt du conseil du 15 janvier 1638 fit entendre sur cela les intentions de Sa Majesté. Cet arrêt porte « qu'il serait fait un plan de la ville et des faubourgs de Paris, qui en contiendrait l'étendue et en ferait connaître les limites; que des bornes seraient plantées d'espace en espace par les trésoriers de France; qu'au delà de ces bornes nul ne pourrait bâtir, pour quelque cause et occasion que ce fût, sans permission expresse de Sa Majesté, par lettres patentes du grand sceau, etc.

» Fait pareillement défense à toutes personnes de faire construire aucunes maisons, boutiques, loges ou échoppes sur les quais, ponts ou places publiques de Paris, Sa Majesté voulant que tous ces lieux et leurs avenues fussent conservés en l'état qu'ils étaient, pour la commodité et décoration de la ville. »

Ce plan fut dressé ainsi qu'il vient d'être dit, et, par un autre arrêt du 4 août de la même année, on plaça trente et une bornes, etc.

Ces arrêts avaient pour fondements six motifs qui regardaient la santé, la subsistance et la sûreté des citoyens :

Le premier, que la ville de Paris, portée à une grandeur excessive, serait plus susceptible de mauvais air ;

Le second, que cela rendrait le nettoiement de ses immondices beaucoup plus difficile ;

Le troisième, que l'augmentation du nombre des habitants augmenterait à proportion le prix des vivres et des autres denrées, ouvrages et marchandises.

Le quatrième, que l'on avait depuis quelque temps couvert de bâtiments les terres qui avaient autrefois servi à l'agriculture pour les légumes et les menus fruits nécessaires aux provisions de la ville, ce qui en causait déjà l'excessive cherté et en causerait immanquablement la disette si l'on continuait d'y bâtir ;

Le cinquième, que les habitants des bourgs et des villages voisins, attirés par les prérogatives et amusements de cette capitale, venaient s'y habituer et établir en si grand nombre que, si cela continuait, la campagne deviendrait déserte ;

Le sixième, enfin, que la difficulté de gouverner un aussi grand peuple donnait lieu au dérèglement de la police et aux meurtres, vols et larcins, qui se commettaient fréquemment et impunément, de jour et de nuit, dans cette ville et dans ses faubourgs, etc.

Qu'est devenue la Seine, ce beau fleuve dont Julien vantait la pureté, la limpidité et l'excellence comme boisson? Un égout infect où les poissons mêmes ne peuvent plus vivre.

Que sont devenues l'austérité et la sévérité des mœurs dont parlait Julien?

Un résultat des agrandissements, des embellissements successifs de Paris, a été d'y attirer des campagnes des armées de paysans devenus ouvriers en tout genre : maçons, charpentiers, serruriers, manœuvres, etc., ce qui, lorsqu'on en est arrivé à avoir plus de rues et de maisons que n'en peut remplir la population, lorsqu'il faut, au moins pour un temps, arrêter ou suspendre ces travaux, laisse sur le pavé des rues des milliers d'ouvriers sans travail et sans pain, prêts aux actes désespérés, surtout s'ils sont exploités par les intrigants qui, des bas-fonds où ils sont nés et où ils vivent, n'espèrent arriver à la surface que par le bouleversement, comme la vase infecte devient momentanément écume et surnage dans un étang hier limpide, aujourd'hui profondément remué et agité.

Pour les soi-disant républicains, chefs de parti et de coterie, l'ouvrier n'est ni maçon, ni charpentier, ni menuisier, ni serrurier, ni tisserand, etc. Il est soldat de l'émeute, ouvrier en révolution au bénéfice des coquins qui l'exploitent. Ces prétendus hommes politiques, ces soi-disant chefs de parti, ne sont que des hâbleurs et des farceurs.

Il n'y a plus en France de partis politiques, il y a des appétits, des faims, des soifs, des vanités, et c'est tout.

On lance « le peuple » sur un pouvoir existant, en lui promettant de riches dépouilles; le pouvoir renversé, ceux qui ont pris la place déclarent que c'est fini, que tout est bien et que le peuple doit s'arrêter. Ce qui était hier « justice du peuple » s'appelle aujourd'hui rébellion, insurrection, anarchie, etc. On tue quelques centaines de ses alliés et de ses dupes; quelques autres centaines sont déportés ou mis en prison; le reste, comme il arrive après tous les bouleversements, surtout quand les bouleversements ont mis le pouvoir aux mains des incapables et des coquins, le reste est plus malheureux qu'auparavant et prêt à retourner au combat, sous les ordres d'autres chefs tout pareils, leur débagoulant les mêmes phrases, leur faisant les mêmes promesses et se tenant également derrière eux pendant la bataille.

Passons aux ordonnances des rois de France et commençons par les vagabonds, fainéants et mendiants de profession.

» Louis, par la grâce de Dieu, etc.,
» Nous avons enjoint, par notre ordonnance du 25 juillet 1700, à tous vagabonds, fainéants, mendiants sans condition et sans emploi, de sortir des villes et villages où ils mendient et de se retirer aux lieux de leur naissance pour y travailler aux ouvrages dont ils peuvent être capables... Mais il y a dans notre bonne ville de Paris une espèce de fainéants encore plus dangereux, qui n'ont d'autre occupation et d'autre subsistance que celles que leur libertinage leur procure. Quelques-uns, bannis ou fugitifs de quelques-unes des provinces et villes du royaume, viennent à Paris cacher la honte de leurs premiers crimes et souvent pour en commettre de nouveaux...

» Nous enjoignons à tous vagabonds qui sont dans notre bonne ville de Paris, faubourgs et banlieue d'icelle, de prendre des emplois, de se mettre en condition pour y servir ou travailler, ou d'aller travailler à la culture des terres, ou aux ouvrages et métiers auxquels ils peuvent être propres.

» Déclarons vagabonds et gens sans aveu tous ceux qui n'ont ni métier, ni profession, ni domicile certain, ni biens pour subsister, et qui ne sont avoués et ne peuvent point certifier de leurs bonnes vie et mœurs par personnes dignes de foi.

» Faire la recherche des gens qui logent à la nuit ou qui retirent les fainéants et vagabonds ; se faire représenter par ceux qu'ils y trouveront logés, qui se diront ouvriers ou manœuvres, les certificats des maîtres ou conducteurs des ateliers où ils sont actuellement employés; faire porter à l'Hôtel-Dieu les pauvres malades abandonnés ; lever les enfants exposés et les faire porter à « la couche »; s'employer auprès des magistrats et partout ailleurs où il leur sera possible pour le soulagement des pauvres honteux de leurs quartiers. »

Je ne ferai ressortir de ces ordonnances qu'un seul point, que je prêche depuis tantôt un demi-siècle.

A savoir, les gens sans asile, sans travail, les mendiants, obligés de retourner dans le lieu de leur naissance.

En effet, il faut diviser les pauvres en deux classes principales :

1° Ceux qui, par vieillesse, maladie, infirmité ou manque du travail qu'ils peuvent faire dans le pays où il le trouvent, ne peuvent plus, ou ne peuvent pas travailler;

2° Ceux qui ne veulent pas travailler, ceux qui, ayant « honte bue » et y trouvant des recettes et revenus plus forts que dans le travail, se sont fait de la mendicité une profession, un métier.

J'en citerai un exemple. Pendant un séjour de douze ou treize ans à Nice, où j'ai créé et laissé l'industrie la plus sûre et la plus florissante pour cette ville, la culture des fleurs, j'exploitais un vaste jardin. Chaque fois qu'il se présentait un mendiant ou mendiante valide, fût-ce même un enfant, on leur disait :

— Vous espérez recevoir un ou deux sous : eh bien, il y a trente sous pour l'homme, vingt sous pour la femme, dix sous pour l'enfant. Entrez et mettez-vous à l'ouvrage.

Eh bien, dans cet espace de douze ou treize ans, « pas un seul » n'a accepté cette proposition : ils y auraient perdu.

La charité est très grande en France ; il s'y donne, j'en suis convaincu, plus d'argent qu'il n'en faudrait pour soulager tous les pauvres ; mais la plus grande partie de cet argent est interceptée par les mendiants de profession et ne va pas jusqu'aux vrais pauvres ; la charité aurait besoin d'être « canalisée ».

Le pauvre dans la commune qui l'a vu naître est naturellement connu, on sait les causes de sa misère, on en connaît la durée; s'il est malade, on le secourt comme malade, mais on sait quand il est guéri, et les secours passent à un autre. La pauvreté est une situation, elle n'est pas un métier. Que chaque commune garde ou reprenne ses pauvres; celles qui seront trop surchargées seront aidées par l'État, alors, mais seulement alors, vous pourrez défendre la mendicité.

Passons aux cabarets, tavernes, marchands de vin, etc.

Il fallait s'en occuper au point de vue des mœurs, de la santé publique, et défendre les habitants contre les excès, les vols et l'empoisonnement.

Sous nos anciens rois, on faisait une différence très marquée entre les marchands de vin, « taverniers, vendeurs à pots », chez lesquels on venait acheter du vin qu'on emportait pour le boire avec sa famille, et les « cabaretiers » chez lesquels on vendait du vin « à nappe et assiettes », c'est-à-dire qui le donnaient à boire chez eux.

Ordonnance de Charles VI (janvier 1397) :

« Pour ce qu'il est venu à notre cognoissance que gens de métier, de petit estat, et de petites facultés, estant et fréquentant en la ville de Paris, délaissent à faire leurs besongnes, à gouverner leurs mesnages et gaigner leur vie aux jours ouvrables, pour l'inclination qu'ils ont aux tavernes, cabarets, etc., dont plusieurs d'iceux, quand ils ont ainsi perdu leur chevance aux dits lieux, sont devenus et deviennent de jour en jour larrons, meurdriers, robbeurs et gens de très mauvaise vie, défendons à tous habitants et à tous cabaretiers, etc. »

Ordonnance de Charles IX (1560) :

« Défense de « tenir assiette » ès villes et faubourgs à gens et personnes domiciliaires, surtout aux mariés et ayant mesnages, ains seulement pour les forains et les estrangers. »

Ordonnance de Henri III (1579) :

« Il est défendu à tous cabaretiers de recevoir chez eux les habitants domiciliés des villes, bourgs et villages où ils résident, en leurs tavernes et cabarets, pour y banqueter, boire, etc.

» Ains leur soit loisible d'y recevoir les estrangers passants. »

L'ancien droit coutumier de France permettait aux taverniers vendant du vin « à pots et à mesures » à emporter, ce qu'on appelle encore aujourd'hui en Normandie « dépoteyer », comme à tous autres marchands, de poursuivre en justice le payement du vin vendu « à pots », mais déniait toute action aux cabaretiers pour vin vendu « à *nappe* et *assiettes* », c'est-à-dire bu chez eux (Coutumes de Paris, art. 126 ; — de Normandie, art. 535 ; — de Calais, art. 518 ; etc., etc.)

Et sous un autre rapport, on trouve une ordonnance du roi Jean (1350) :

« Défense aux marchands de vin tous mélanges de vins différents, ou toute adjonction d'eau.

» Le vin ne pourra être vendu sous autre nom que son cru et provenance réels.

» Il est permis à tous ceux qui vont prendre du vin à la taverne de descendre dans la cave pour le voir tirer du tonneau, et enjoint aux cabaretiers de le souffrir. »

Il est évident que ces ordonnances de nos rois remises en vigueur et sévèrement exécutées d'abord diminueraient bien utilement le nombre exorbitant des cabarets, cafés, brasseries, tavernes, etc., et, en supprimant aux cabaretiers, taverniers, etc., le quasi-droit de voler et d'empoisonner leurs clients, épargneraient à ceux-ci l'empoisonnement non seulement du corps, mais aussi de l'intelligence, qui se pratique si dangereusement dans ces établissements.

Aujourd'hui, c'est tout le contraire qui a lieu, au bénéfice de ce qu'on appelle la politique, — les marchands de vin étant « grands électeurs ». Ce qu'on appelle ridiculement le gouvernement ne veut ou ne peut pas s'aliéner, en les contrariant, en les gênant, et ces utiles auxiliaires et leurs clients également électeurs; aussi le gros Bacchus Gambetta s'était fait leur patron, banquetait avec eux, et leur promettait et leur permettait le « mouillage », c'est-à-dire le droit de vendre en litre et à la bouteille l'eau de cet égoût, appelé autrefois la Seine, au même prix que le vin.

Le marchand de vin qui vole le client fait la même chose que le client qui volerait le marchand de vin, et est, comme serait celui-ci, un voleur, et doit être puni comme voleur.

Le marchand de vin qui empoisonne le client fait la même chose que le client qui empoisonnerait le marchand de vin, est un empoisonneur et doit être puni comme empoisonneur.

Ah! bien oui! et les électeurs?

Le marchand de vin qui vole « vend à fausse mesure », celui qui empoisonne n'est que « sophistiqueur ».

Je n'ai obtenu qu'une seule aggravation à la pénalité, l'affiche du jugement sur la boutique. Cette invention m'enlèverait toute chance d'être député ou n'importe quoi à Paris.

Mais c'est encore bien suffisant. Lisez la *Gazette des Tribunaux*, vous y verrez que dans les derniers quinze jours trente-six marchands de vin ont été condamnés pour « fausse mesure » et « sophistication » des vins.

Peut-être faudrait-il fermer la boutique pour un temps plus ou moins long, ou faire comme chez les Turcs, clouer, pour quelques heures, le marchand par une oreille sur les volets de la boutique, ce que je n'ose demander. Je préférerais le rappel des ordonnances des rois de France, contre lesquelles il ne me paraît pas possible de trouver une seule objection.

FIN

TABLE

POLICHINELLES ET ROBESPIERROTS............. 1
LES BATRACIENS................................ 9
LE POT AUX ROSES............................. 12
LA QUESTION DU TONKIN....................... 28
PARLONS ROSES................................ 42
SUPRÊME GACHIS............................... 61
L'HISTOIRE D'AUJOURD'HUI..................... 76
HISTOIRE D'HIER............................... 89
UNE BONNE NOUVELLE.......................... 106
MENSONGE..................................... 117
DE L'UNITÉ DU SOI-DISANT PARTI RÉPUBLICAIN. 134
A PROPOS DE DUELS............................ 146
LE NOUVEAU GULLIVER......................... 174
LE 1er JUIN................................... 190
LE THÉ DE MADAME GIBOU...................... 199
LES DEUX CASSANDRE.......................... 216
PETITS PAPIERS............................... 232
RECHUTE EN SAUVAGERIE....................... 247
SHIO-BOU..................................... 261
PARIS.. 280

BOURLOTON. — Imprimeries réunies, B, rue Mignon, 2.

EXTRAIT DU CATALOGUE MICHEL LÉVY

1 FRANC LE VOLUME. — 1 FR. 25 PAR LA POSTE

ROGER DE BEAUVOIR vol.

AVENTURIÈRES ET COURTISANES	1
LE CABARET DES MORTS	1
LE CHEVALIER DE CHARNY	1
LE CHEVALIER DE SAINT-GEORGES	1
DUELS ET DUELLISTES	1
L'ÉCOLIER DE CLUNY	1
HISTOIRES CAVALIÈRES	1
LA LESCOMBAT	1
MADEMOISELLE DE CHOISY	1
LE MOULIN D'HEILLY	1
LES MYSTÈRES DE L'ILE SAINT-LOUIS	2
LES ŒUFS DE PAQUES	1
LE PAUVRE DIABLE	1
LES SOIRÉES DU LIDO	1
LES TROIS ROHAN	1

Mme ROGER DE BEAUVOIR

CONFIDENCES DE MADEMOISELLE MARS	1
SOUS LE MASQUE	1

CH. DE BOIGNE

LES PETITS MÉMOIRES DE L'OPÉRA	1

COMTESSE DASH

UN AMOUR COUPABLE	1
LES AMOURS DE LA BELLE AURORE	2
L'ARBRE DE LA VIERGE	1
AVENTURES D'UNE JEUNE MARIÉE	1
LES BALS MASQUÉS	1
LE BEAU VOLEUR	1
LA BELLE PARISIENNE	1
LA BOHÈME DU XVIIe SIÈCLE	1
BOHÈME ET NOBLESSE	1
LA CEINTURE DE VÉNUS	1
LA CHAINE D'OR	1
LA CHAMBRE BLEUE	1
LA CHAMBRE ROUGE	1
LE CHATEAU DE LA ROCHE-SANGLANTE	1
LES CHATEAUX EN AFRIQUE	1
COMÉDIE DES GENS DU MONDE	1
COMMENT TOMBENT LES FEMMES	1
UN COSTUME DE BAL	1
LA DAME DU CHATEAU MURÉ	1
LA DERNIÈRE EXPIATION	2
LA DETTE DE SANG	1
LE DRAME DE LA RUE DU SENTIER	1
LA DUCHESSE D'ÉPONNES	1
LA DUCHESSE DE LAUZUN	3

COMTESSE DASH (Suite) vol.

LA FÉE AUX PERLES	1
LA FEMME DE L'AVEUGLE	1
UNE FEMME ENTRE DEUX CRIMES	1
LES FEMMES A PARIS ET EN PROVINCE	2
LE FILS DU FAUSSAIRE	1
LE FILS NATUREL	1
LES FOLIES DU CŒUR	1
LE FRUIT DÉFENDU	1
LES GALANTERIES DE LA COUR DE LOUIS XV	4
LES HÉRITIERS D'UN PRINCE	1
LE JEU DE LA REINE	1
LA JOLIE BOHÉMIENNE	1
LES LIONS DE PARIS	1
LE LIVRE DES FEMMES	2
MADAME DE LA SABLIÈRE	1
MADAME LOUISE DE FRANCE	1
MADEMOISELLE 50 MILLIONS	1
LES MALHEURS D'UNE REINE	1
MADEMOISELLE DE LA TOUR DU PIN	1
MAIN GAUCHE ET MAIN DROITE	2
LA MARQUISE DE PARABÈRE	1
LA MARQUISE SANGLANTE	1
LE NEUF DE PIQUE	1
UNE NUIT DE NOCES	1
LA POUDRE ET LA NEIGE	1
LA PRINCESSE DE CONTI	1
UN PROCÈS CRIMINEL	1
UNE RIVALE DE LA POMPADOUR	1
LE ROMAN D'UNE HÉRITIÈRE	1
LA ROUTE DU SUICIDE	1
LE SALON DU DIABLE	1
UN SECRET DE FAMILLE	1
LES SECRETS D'UNE SORCIÈRE	2
LA SORCIÈRE DU ROI	2
LE SOUPER DES FANTOMES	1
LES SOUPERS DE LA RÉGENCE	2
LES SUITES D'UNE FAUTE	1
TROIS AMOURS	1
VIE CHASTE ET VIE IMPURE	1

GÉRARD DE NERVAL

LA BOHÈME GALANTE	1
LES FILLES DU FEU	1
LORELY	1
LE MARQUIS DE FAYOLLE	1

F. GUIZOT

LA FRANCE ET LA PRUSSE	1

Le Catalogue complet sera envoyé franco à toute personne qui en fera la demande par lettre affranchie.

Paris. — Imprimerie A. Delafoy, 3, rue Auber.

www.ingramcontent.com/pod-product-compliance
Lightning Source LLC
Chambersburg PA
CBHW071140160426
43196CB00011B/1956